30장면으로 끝내는

스크린 영어회화

Disney
RAYA AND THE LAST DRAGON

해설 **박용호(라이언 박)**

길벗 이지:톡

이 책의 학습법

이 책은 스크립트북과 워크북, 전 2권으로 구성되어 있습니다. 이 책은 워크북으로 전체 대본에서 뽑은 30장면을 집중 훈련할 수 있습니다.

Day 01

The Beginning of the Legend

전설의 시작

500년 전, 쿠만드라는 푸르른lush 강이 흐르고 사람과 드래곤들이 조화롭게harmonious 살아가는 평화로운 곳이었어요. 그러나 갑자기 전염병plague처럼 영혼이 없는mindless 드룬이 나타나 쿠만드라에 있는 모든 생명체들을 돌덩이로 만들어 버려요. 강력한mighty 마지막 드래곤 시수다투가 자신의 마법을 젬 안에 모아서concentrate 드룬을 날려 버리지만blast away 드래곤들은 쿠만드라로 돌아오지 못해요. 드래곤들의 희생으로sacrifice 사람들은 평화를 되찾았지만 드래곤의 마지막 남은 부분을remnant 차지하기 위해 싸우고 서로에게 적이 되어 버려요. 그렇다고 해서 쿠만드라가 이렇게까지 황폐하게 변하지는 않았어요. 이 이야기의 주인공인 라야가 등장하기 전까지는 말이죠.

오늘 공부할 장면에 대한 간단한 설명입니다.

Warm Up! 오늘 배울 표현 오늘 등장하는 표현들입니다. 어떤 표현이 들어가야 할지 생각해 보세요.

- ________ someone's trying to be clever. 누가 머리를 좀 쓴 것 같군.
- ________. 정말 잘했어.
- ________ shell. 하이파이브.
- Wait a second... ________ too easy... 잠깐… 이거 너무 쉬운 느낌인데…

Warm up! 오늘 배울 표현

오늘 배울 핵심표현을 살짝. 이 표현을 내가 영어로 말할 수 있는지 테스트해보세요.

바로 이 장면! 오디오 파일을 듣고 3번 따라 말해보세요. 01

YOUNG RAYA 어린 라야 **Looks like** someone's trying to be clever.[1]
누가 머리를 좀 쓴 것 같군.

YOUNG RAYA 어린 라야 Alright, Tuk Tuk, let's show 'em what clever really looks like.
자, 툭툭, 진짜로 머리를 쓰는 게 어떤 건지 한번 보여 주자고.

YOUNG RAYA 어린 라야 Tuk Tuk! Come on. Focus.
툭툭! 이봐. 집중해.

YOUNG RAYA 어린 라야 Thank you.
고마워.

YOUNG RAYA 어린 라야 Hey, bud. **That was awesome.**[2] **Gimme some** shell.[3]
이봐, 친구. 정말 잘했어. 하이파이브.

바로 이 장면!

스크립트북에서 뽑은 30장면을 제시합니다. 전체 대본에서 유용한 표현이 가장 많은 30장면을 엄선했습니다.

장면 파헤치기

'바로 이 장면!'에서 뽑은 핵심 표현들을 친절한 설명과 유용한 예문을 통해 깊이 있게 알아봅니다.

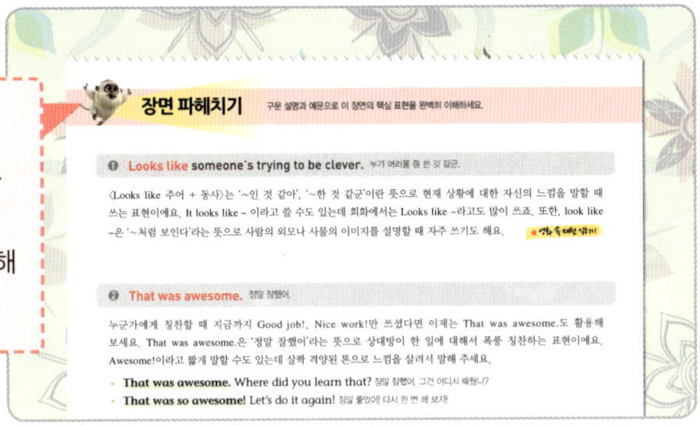
장면 파헤치기 구문 설명과 예문으로 이 장면의 핵심 표현을 완벽히 이해하세요.

❶ Looks like someone's trying to be clever. 누가 머리를 좀 쓴 것 같군.

〈Looks like 주어 + 동사〉는 '~인 것 같아', '~한 것 같군'이란 뜻으로 현재 상황에 대한 자신의 느낌을 말할 때 쓰는 표현이에요. It looks like ~ 이라고 쓸 수도 있는데 회화에서는 Looks like ~라고도 많이 쓰죠. 또한, look like ~은 '~처럼 보인다'라는 뜻으로 사람의 외모나 사물의 이미지를 설명할 때 자주 쓰기도 해요.

❷ That was awesome. 정말 잘했어.

누군가에게 칭찬할 때 지금까지 Good job!, Nice work!만 쓰셨다면 이제는 That was awesome.도 활용해 보세요. That was awesome.은 '정말 잘했어'라는 뜻으로 상대방이 한 일에 대해서 폭풍 칭찬하는 표현이에요. Awesome!이라고 짧게 말할 수도 있는데 살짝 격양된 톤으로 느낌을 살려서 말해 주세요.

- **That was awesome.** Where did you learn that? 정말 잘했어. 그건 어디서 배웠니?
- **That was so awesome!** Let's do it again! 정말 좋았어! 다시 한 번 해 보자!

영화 속 패턴 익히기

영화에 나오는 패턴을 활용하여 다양한 표현을 만들 수 있습니다. Step1에서 기본 패턴을 익히고, Step2에서 패턴을 응용하고, Step3에서 실생활 대화에서 패턴을 적용하는 훈련을 합니다.

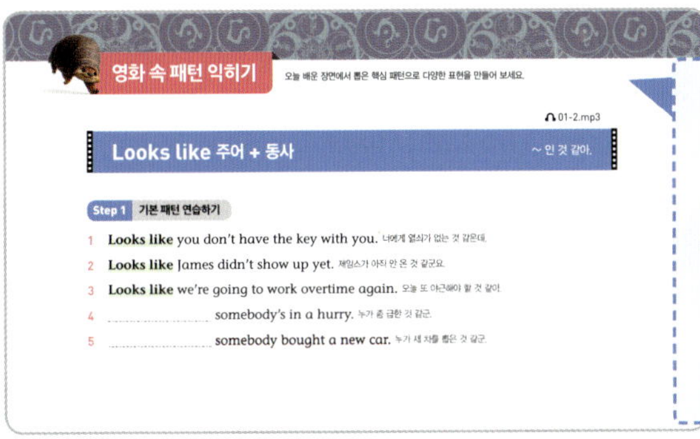
영화 속 패턴 익히기 오늘 배운 장면에서 뽑은 핵심 패턴으로 다양한 표현을 만들어 보세요.

01-2.mp3

Looks like 주어 + 동사 ~인 것 같아.

Step 1 기본 패턴 연습하기

1. **Looks like** you don't have the key with you. 너에게 열쇠가 없는 것 같은데.
2. **Looks like** James didn't show up yet. 제임스가 아직 안 온 것 같군요.
3. **Looks like** we're going to work overtime again. 오늘 또 야근해야 할 것 같아!
4. .... somebody's in a hurry. 누가 좀 급한 것 같군.
5. .... somebody bought a new car. 누가 새 차를 뽑은 것 같군.

확인학습

오늘 배운 표현과 패턴을 확인해 보는 코너입니다. 문제를 풀며 표현들을 완벽히 내 것으로 만드세요.

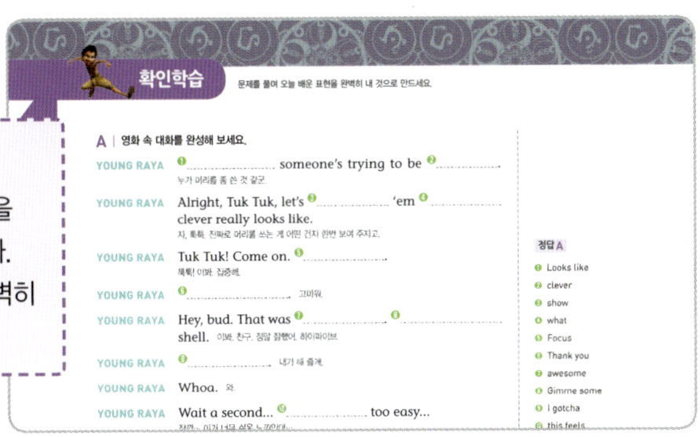
확인학습 문제를 풀며 오늘 배운 표현을 완벽히 내 것으로 만드세요.

A | 영화 속 대화를 완성해 보세요.

YOUNG RAYA ❶ .... someone's trying to be ❷ ....
누가 머리를 좀 쓴 것 같군.

YOUNG RAYA Alright, Tuk Tuk, let's ❸ .... 'em ❹ .... clever really looks like.

YOUNG RAYA Tuk Tuk! Come on. ❺ ....

YOUNG RAYA ❻ .... 고마워.

YOUNG RAYA Hey, bud. That was ❼ .... ❽ .... shell.

YOUNG RAYA ❾ .... 내기 내 즐게.

YOUNG RAYA Whoa. 와

YOUNG RAYA Wait a second... ❿ .... too easy...

정답 A
❶ Looks like
❷ clever
❸ show
❹ what
❺ Focus
❻ Thank you
❼ awesome
❽ Gimme some
❾ I gotcha
❿ this feels

차례

Contents

Disney

RAYA AND THE LAST DRAGON

Day 01

The Beginning of the Legend

전설의 시작

500년 전, 쿠만드라는 푸르른[lush] 강이 흐르고 사람과 드래곤들이 조화롭게[harmonious] 살아가는 평화로운 곳이었어요. 그러나 갑자기 전염병[plague]처럼 영혼이 없는[mindless] 드룬이 나타나 쿠만드라에 있는 모든 생명체들을 돌덩이로 만들어 버려요. 강력한[mighty] 마지막 드래곤 시수다투가 자신의 마법을 젬 안에 모아서[concentrate] 드룬을 날려 버리지만[blast away] 드래곤들은 쿠만드라로 돌아오지 못해요. 드래곤들의 희생으로[sacrifice] 사람들은 평화를 되찾았지만 드래곤의 마지막 남은 부분을[remnant] 차지하기 위해 싸우고 서로에게 적이 되어 버려요. 그렇다고 해서 쿠만드라가 이렇게까지 황폐하게 변하지는 않았어요. 이 이야기의 주인공인 라야가 등장하기 전까지는 말이죠.

Warm Up! 오늘 배울 표현

오늘 등장하는 표현들입니다. 어떤 표현이 들어가야 할지 생각해 보세요.

* ________ someone's trying to be clever. 누가 머리를 좀 쓴 것 같군.
* ________. 정말 잘했어.
* ________ shell. 하이파이브.
* Wait a second... ________ too easy... 잠깐… 이거 너무 쉬운 느낌인데…

바로 이 장면!

오디오 파일을 듣고 3번 따라 말해보세요. 01-1.mp3

YOUNG RAYA **Looks like** someone's trying to be clever.[1]
어린 라야 누가 머리를 좀 쓴 것 같군.

YOUNG RAYA Alright, Tuk Tuk, let's show 'em what clever really looks like.
어린 라야 자, 툭툭, 진짜로 머리를 쓰는 게 어떤 건지 한번 보여 주자고.

YOUNG RAYA Tuk Tuk! Come on. Focus.
어린 라야 툭툭! 이봐. 집중해.

YOUNG RAYA Thank you.
어린 라야 고마워.

YOUNG RAYA Hey, bud. **That was awesome.**[2] **Gimme some** shell.[3]
어린 라야 이봐, 친구. 정말 잘했어. 하이파이브.

YOUNG RAYA I gotcha.
어린 라야 내가 해 줄게.

YOUNG RAYA Whoa.
어린 라야 와.

YOUNG RAYA Wait a second... **this feels** too easy...[4]
어린 라야 잠깐… 이거 너무 쉬운 느낌인데…

장면 파헤치기

구문 설명과 예문으로 이 장면의 핵심 표현을 완벽히 이해하세요.

❶ Looks like someone's trying to be clever. 누가 머리를 좀 쓴 것 같군.

〈Looks like 주어 + 동사〉는 '~인 것 같아', '~한 것 같군'이란 뜻으로 현재 상황에 대한 자신의 느낌을 말할 때 쓰는 표현이에요. It looks like ~ 이라고 쓸 수도 있는데 회화에서는 Looks like ~라고도 많이 쓰죠. 또한, look like ~은 '~처럼 보인다'라는 뜻으로 사람의 외모나 사물의 이미지를 설명할 때 자주 쓰기도 해요. ★영화 속 패턴 익히기

❷ That was awesome. 정말 잘했어.

누군가에게 칭찬할 때 지금까지 Good job!, Nice work!만 쓰셨다면 이제는 That was awesome.도 활용해 보세요. That was awesome.은 '정말 잘했어'라는 뜻으로 상대방이 한 일에 대해서 폭풍 칭찬하는 표현이에요. Awesome!이라고 짧게 말할 수도 있는데 살짝 격양된 톤으로 느낌을 살려서 말해 주세요.

* **That was awesome.** Where did you learn that? 정말 잘했어. 그건 어디서 배웠니?
* **That was so awesome!** Let's do it again! 정말 좋았어! 다시 한 번 해 보자!

❸ Gimme some shell. 하이파이브.

툭툭이 훌륭한 일을 했는데 갑자기 그 아이에게 껍질을 벗겨 달라고요? Gimme는 Give me를 발음 그대로 쓴 것인데 Give me some.은 무언가를 달라는 뜻이 아니라 '하이파이브를 하자'는 말이에요. 친구들과 반갑게 인사할 때나 기분을 업 시키려고 화이팅을 외치며 Give me some.이라고 할 수 있어요. 주로 젊은 사람들이 친밀하게 쓰는 말이니까 진지한 자리에서 이렇게 말하면 갑분싸(?) 될 수도 있어요. Give me five(Gimme five)도 '하이파이브'와 같은 의미이니 활용해 보세요.

* That was a nice move. **Give me some.** 움직임이 좋았어. 잘했어.
* Hey, how's it going? **Gimme five.** 이봐, 잘 지내? 하이파이브.

❹ Wait a second... this feels too easy... 잠깐… 이거 너무 쉬운 느낌인데…

This feels ~는 지금 자신이 하는 일이나 분위기가 어떤 느낌이 든다고 말할 때 쓰는 표현이에요. 이때 this는 구체적으로 '이것'을 지시하는 게 아니라 현재 전체적인 분위기를 의미하는 거예요. '~한 것 같아', '~한 것 같은데' 정도로 해석하면 좋아요. 그리고 too는 '너무', '매우'라는 뜻으로 뒤에 나오는 형용사를 강조하는 역할을 하는데 살짝 부정적인 느낌이 들어 있어요. 이 대사도 젬을 찾는 과정이 너무 쉬운 것 같아 이상하다는 뉘앙스로 하는 말이에요.

* **This feels** too weird. 너무 이상한 것 같아요.
* **This feels** so cozy. 너무 아늑한 느낌이 들어요.

영화 속 패턴 익히기

오늘 배운 장면에서 뽑은 핵심 패턴으로 다양한 표현을 만들어 보세요.

01-2.mp3

Looks like 주어 + 동사 ~ 인 것 같아.

Step 1 기본 패턴 연습하기

1 **Looks like** you don't have the key with you. 너에게 열쇠가 없는 것 같은데.

2 **Looks like** James didn't show up yet. 제임스가 아직 안 온 것 같군요.

3 **Looks like** we're going to work overtime again. 오늘 또 야근해야 할 것 같아.

4 ____________ somebody's in a hurry. 누가 좀 급한 것 같군.

5 ____________ somebody bought a new car. 누가 새 차를 뽑은 것 같군.

Step 2 패턴 응용하기 | look like

1 You **look like** a movie star. 너 영화배우 같아 보여.

2 She **looks like** my sister. 그녀가 내 동생을 닮은 것 같아.

3 She **looks like** the girl on the toothpaste commercial. 그녀는 치약 광고에 나오는 여자애를 닮은 것 같아요.

4 He ____________ my middle school teacher. 그는 제 중학교 선생님을 닮았어요.

5 I ____________ a clown. 나 광대처럼 보여.

Step 3 실생활에 적용하기

A 더 큰 그릇이 필요한 것 같아요.

B Okay, here it is. Anything else you need?

A That's all for now. Thank you.

A Looks like we're gonna need a bigger bowl.

B 알았어요. 여기요. 또 필요한 건 없으세요?

A 지금은 괜찮아요. 고마워요.

정답 Step 1 4 Looks like 5 Looks like Step 2 4 looks like 5 look like

확인학습

문제를 풀며 오늘 배운 표현을 완벽히 내 것으로 만드세요.

A | 영화 속 대화를 완성해 보세요.

YOUNG RAYA ❶ ________ someone's trying to be ❷ ________.
누가 머리를 좀 쓴 것 같군.

YOUNG RAYA Alright, Tuk Tuk, let's ❸ ________ 'em ❹ ________ clever really looks like.
자, 툭툭, 진짜로 머리를 쓰는 게 어떤 건지 한번 보여 주자고.

YOUNG RAYA Tuk Tuk! Come on. ❺ ________.
툭툭! 이봐, 집중해.

YOUNG RAYA ❻ ________. 고마워.

YOUNG RAYA Hey, bud. That was ❼ ________. ❽ ________ shell. 이봐, 친구, 정말 잘했어. 하이파이브.

YOUNG RAYA ❾ ________. 내가 해 줄게.

YOUNG RAYA Whoa. 와.

YOUNG RAYA Wait a second... ❿ ________ too easy...
잠깐··· 이거 너무 쉬운 느낌인데···

B | 다음 빈칸을 채워 문장을 완성해 보세요.

1 제임스가 아직 안 온 것 같군요.
________ James didn't show up yet.

2 누가 좀 급한 것 같군.
________ somebody's in a hurry.

3 누가 새 차를 뽑은 것 같군.
________ somebody bought a new car.

4 그녀가 내 동생을 닮은 것 같아.
She ________ my sister.

5 나 광대처럼 보여.
I ________ a clown.

정답 A

❶ Looks like
❷ clever
❸ show
❹ what
❺ Focus
❻ Thank you
❼ awesome
❽ Gimme some
❾ I gotcha
❿ this feels

정답 B

1 Looks like
2 Looks like
3 Looks like
4 looks like
5 look like

Day 02

Raya, a New Guardian of the Dragon Gem

라야, 드래곤 젬의 새로운 수호자

드래곤 젬에 접근하려는 라야와 이를 저지하려는 벤자 족장의 결투가 시작되었어요. 둘 다 기술이 훌륭한[highly skilled] 전사들이지만 벤자 족장에게 라야는 적수가 되지 못해요. 그는 칼집에서[sheathe] 검도 꺼내지 않고 라야를 제압해 버려요. 하지만 라야는 기지를 발휘해서 자신의 발가락으로[toe] 젬의 중심부를 건드리는 데 성공하죠. 알고 보니 벤자 족장은 라야의 아버지였고 드래곤 젬을 수호하기로[protect] 맹세한 전사였어요[warrior]. 그리고 이 두 사람의 결투는 라야를 드래곤 젬의 새로운 수호자로[guardian] 임명하기 위한 일종의 시험이었던 거예요. 이 의식을[rite] 훌륭하게 수행한 라야는 오늘부터 드래곤 젬을 지키는 성스러운 일에 동참하게 되었어요.

Warm Up! 오늘 배울 표현

오늘 등장하는 표현들입니다. 어떤 표현이 들어가야 할지 생각해 보세요.

* ________ not set foot on the Dragon Gem's inner circle.
  드래곤 젬의 중심부에는 한 발도 못 붙이게 하겠다.
* ________, not one foot on the inner circle. 내가 말했지, 중심부에는 한 발도 못 붙인다고.
* I probably ________ two feet. 내가 두 발이라고 해야 했는데.
* ________ too much, Chief Benja. 너무 자책하지 말아요, 벤자 족장님.

바로 이 장면!

오디오 파일을 듣고 3번 따라 말해보세요.

02-1.mp3

YOUNG RAYA 어린 라야

Chief Benja. Look, I know it's your job to try and stop me, but you won't.

벤자 족장. 이봐요. 나를 막는 게 당신의 임무인 건 알지만, 그럴 순 없을 거예요.

BENJA 벤자

Don't mistake spirit for skill, young one. **I promise you will** not set foot on the Dragon Gem's inner circle.[1] Not even a toe.

배짱이 있다고 기술도 있을 거라고 착각하면 안 되지, 꼬마 아가씨. 드래곤 젬의 중심부에는 한 발도 못 붙이게 하겠다. 발가락 하나도 용납할 수 없어.

YOUNG RAYA 어린 라야

You might want to take out that blade. You're gonna need it.

그 검을 꺼내는 게 좋을 거예요. 꼭 필요할 테니까.

BENJA 벤자

Not today.

오늘은 아니야.

BENJA 벤자

BOOP.

콕.

BENJA 벤자

Like I said, not one foot on the inner circle.[2] You lost, Raya.

내가 말했지, 중심부에는 한 발도 못 붙인다고. 네가 졌어, 라야.

YOUNG RAYA 어린 라야

Did I?

정말로 그런가요?

BENJA 벤자

Raya... I probably **should have said** two feet.[3]

라야… 내가 두 발이라고 해야 했는데.

YOUNG RAYA 어린 라야

Hey. **Don't beat yourself up** too much, Chief Benja.[4] You gave it your best.

이봐요. 너무 자책하지 말아요, 벤자 족장님. 최선을 다하셨잖아요.

BENJA 벤자

I won't. And it's either father or ba to you. You did good, dewdrop. You passed the test.

안 그래. 그리고 아버지나 '바'라고 불러야지. 잘했어, 우리 딸. 넌 시험을 통과했어.

장면 파헤치기 구문 설명과 예문으로 이 장면의 핵심 표현을 완벽히 이해하세요.

❶ I promise you will not set foot on the Dragon Gem's inner circle.
드래곤 젬의 중심부에는 한 발도 못 붙이게 하겠다.

I promise you will ~은 상대방이 어떤 일을 할 수 있도록 해 주겠다고 다짐하는 표현이에요. 또한, 상대방을 위해서 자신이 어떤 일을 하겠다고 단언할 때 쓸 수도 있어요. '네가 ~하도록 하지', '네가 ~할 거라고 약속할게'라고 해석하는 것이 좋아요. 〈패턴 익히기〉에서는 I promise I will ~도 연습할 거예요. '내가 꼭 ~하겠어'라는 뜻으로 자신의 확고한 의지를 드러내는 표현이에요.

★ 영화 속 패턴 익히기

❷ Like I said, not one foot on the inner circle. 내가 말했지, 중심부에는 한 발도 못 붙인다고.

대화를 하다 보면 '내가 말했잖아…'라고 운을 띄우며 말을 하는 경우가 있잖아요? Like I said ~는 자신이 예전에 한 말을 다시 강조해서 말하고자 할 때 쓰는 표현이에요. 문장 맨 앞에 양념처럼 붙여서 사용해 주세요.

* **Like I said**, she's more than what you think she is. 내가 말했지, 걔는 네가 생각하는 것보다 더 능력이 있어.
* **Like I said**, no one's faster than Toby. 내가 말했잖아, 토비보다 빠른 사람은 없다고.

❸ I probably should have said two feet. 내가 두 발이라고 해야 했는데.

should have p.p ~는 '~해야 했는데'라는 뜻으로 과거에 어떤 일을 하지 않은 것을 후회하는 말이에요. 반대로 '~하지 말았어야 했는데'라며 어떤 행동을 한 것을 후회할 때는 shouldn't have p.p라는 표현을 사용해요. Day 6에 등장하는 could have p.p 표현과 함께 비교해서 익혀 두면 좋아요.

* I **should have explained** it earlier. 내가 전에 그걸 설명해야 했는데.
* We **shouldn't have invested** in the 3D printing business. 우리는 3D 프린팅 사업에 투자하지 말았어야 했어요.

❹ Don't beat yourself up too much, Chief Benja. 너무 자책하지 말아요, 벤자 족장님.

beat up은 '때리다'라는 뜻이에요. 그럼 Don't beat yourself up.을 단어 그대로 해석하면 '스스로를 때리지 마'가 되잖아요? 이 말은 '자책하지 마', '네 탓이라고 생각하지 마'라는 뜻으로 상대방을 격려할 때 쓰는 표현이에요. 자신을 탓하며 우울해하는 친구가 곁에 있다면 Don't beat yourself up.이라며 다정하게 위로해 주세요.

* **Don't beat yourself up.** Everybody makes mistakes. 자책하지 마. 누구나 실수는 한다고.
* Everything will be fine. **Don't beat yourself up** over this. 다 괜찮을 거야. 이 일에 대해 자책하지 마.

영화 속 패턴 익히기

오늘 배운 장면에서 뽑은 핵심 패턴으로 다양한 표현을 만들어 보세요.

02-2.mp3

I promise you will ~

네가 ~하도록 하지.

Step 1 기본 패턴 연습하기

1 **I promise you will** get at least 20% of our profit. 당신이 우리 수익의 최소 20%는 받을 거라고 장담합니다.

2 **I promise you'll** have it by tomorrow. 내일까지는 확실히 전달해 드리겠습니다.

3 **I promise you will** not be disappointed. 실망하지 않으실 겁니다.

4 ______________ be safe as long as you stay here. 여기에 있는 한 확실히 안전할 거예요.

5 ______________ not be bored with me. 나와 함께 있으면 심심하진 않을 거예요.

Step 2 패턴 응용하기 | I promise I will ~

1 **I promise I will** never leave you again. 널 다시는 떠나지 않을게.

2 **I promise I'll** be there in a jiff. 빨리 거기에 갈게.

3 **I promise I will** bring it back as soon as possible. 가능한 한 빨리 돌려 드릴게요.

4 ______________ never let you down. 당신을 실망시키지 않을게요.

5 ______________ stay here until you fall asleep. 네가 잠이 들 때까지 여기에 있을게.

Step 3 실생활에 적용하기

A You already have a lot of cars at home.

B But I don't have a fire truck. Can we buy this, please?

A Not today, sweetie. 네 생일에 꼭 사줄게.

A 집에 이미 자동차 많잖아.

B 하지만 소방차는 없어요. 이거 사면 안 돼요?

A 오늘은 안 돼, 얘야. I promise you'll get it on your birthday.

정답 Step 1 4 I promise you will 5 I promise you will Step 2 4 I promise I'll 5 I promise I'll

확인학습

문제를 풀며 오늘 배운 표현을 완벽히 내 것으로 만드세요.

A | 영화 속 대화를 완성해 보세요.

YOUNG RAYA Chief Benja. Look, I know it's ❶ __________ to try and stop me, but you won't.
벤자 족장. 이봐요, 나를 막는 게 당신의 임무인 건 알지만, 그럴 순 없을 거예요.

BENJA Don't ❷ __________ spirit for skill, young one. ❸ __________ you will not set foot on the Dragon Gem's inner circle. Not even a toe.
배짱이 있다고 기술도 있을 거라고 착각하면 안 되지, 꼬마 아가씨. 드래곤 젬의 중심부에는 한 발도 못 붙이게 하겠다. 발가락 하나도 용납할 수 없어.

YOUNG RAYA You might want to ❹ __________ that blade. You're gonna need it. 그 검을 꺼내는 게 좋을 거예요. 꼭 필요할 테니까.

BENJA Not ❺ __________. 오늘은 아니야.

BENJA BOOP. 콕.

BENJA ❻ __________, not one foot on the inner circle. You lost, Raya. 내가 말했지, 중심부에는 한 발도 못 붙인다고. 네가 졌어, 라야.

YOUNG RAYA Did I? 정말로 그런가요?

BENJA Raya... I probably ❼ __________ said two feet.
라야… 내가 두 발이라고 해야 했는데.

YOUNG RAYA Hey. Don't ❽ __________ yourself up too much, Chief Benja. You gave it your ❾ __________.
이봐요. 너무 자책하지 말아요. 벤자 족장님. 최선을 다하셨잖아요.

BENJA I won't. And it's ❿ __________ father or ba to you. You did good, dewdrop. You passed the test.
안 그래. 그리고 아버지나 '바'라고 불러야지. 잘했어, 우리 딸. 넌 시험을 통과했어.

B | 다음 빈칸을 채워 문장을 완성해 보세요.

1 실망하지 않으실 겁니다.
__________ not be disappointed.

2 여기에 있는 한 확실히 안전할 거예요.
__________ be safe as long as you stay here.

3 널 다시는 떠나지 않을게.
__________ never leave you again.

4 가능한 한 빨리 돌려 드릴게요.
__________ bring it back as soon as possible.

5 당신을 실망시키지 않을게요.
__________ never let you down.

정답 A

❶ your job
❷ mistake
❸ I promise
❹ take out
❺ today
❻ Like I said
❼ should have
❽ beat
❾ best
❿ either

정답 B

1 I promise you will
2 I promise you will
3 I promise I will
4 I promise I will
5 I promise I'll

Day 03

Five Divided Lands

다섯 개로 분리된 땅

쿠만드라는 지금 다섯 개의 부족으로[clan] 나누어져 있어요. 꼬리는[tail] 비열하게 싸우는 교활한[sneaky] 용병들이 있는 사막의 땅이에요. 발톱은[talon] 신속한 거래와 더 빠른 손을 가진 전사들로 유명한 수상 시장이[floating market] 있는 곳이죠. 척추는[spine] 매우 덩치가 큰 전사들이 거대한 도끼를[axe] 들고 지키고 있는 추운[frigid] 대나무 숲 지역이에요. 그리고 사납기로[fierce] 유명한 송곳니의[fang] 땅은 암살자들과[assassin] 고양이들이 지키고 있어요. 마지막으로 라야의 부족은 이들로부터 시수의 젬을 보호하는 심장[heart] 부족이에요. 이렇게 다른 모습의 부족들이 과연 예전처럼 하나의 쿠만드라로 합쳐질 수[unite] 있을까요?

Warm Up! 오늘 배울 표현

오늘 등장하는 표현들입니다. 어떤 표현이 들어가야 할지 생각해 보세요.

* ________ you feel prepared, dewdrop. 네가 준비된 것 같아서 기쁘구나, 내 딸.
* Because ________ tell you. 왜냐면 네게 긴히 할 말이 있거든.
* The other lands... ________ here as we speak.
  다른 영토 사람들이… 우리가 말한 것처럼 지금 이곳으로 오고 있단다.
* ________ we'll stop them. 어떻게 그들을 막을지 확실히 알고 있다고요.

바로 이 장면!

오디오 파일을 듣고 3번 따라 말해보세요. 03-1.mp3

BENJA
벤자

Well, someone's excited.
우리 공주님 신나셨네.

YOUNG RAYA
어린 라야

Yeah, I mean anyone hoping to steal the dragon gem now has to face the fury of the TWO baddest blades in all the lands.
네, 그니까 이제 드래곤 젬을 훔치려는 사람들은 이 모든 땅에서 가장 무서운 두 검의 분노와 마주해야 할 거예요.

BENJA
벤자

I'm glad you feel prepared, dewdrop,❶ because **I have something important to tell you**❷ - the other lands... **they're on their way** here as we speak.❸
네가 준비된 것 같아서 기쁘구나, 내 딸. 왜냐면 네게 긴히 할 말이 있거든 – 다른 영토 사람들이… 우리가 말한 것처럼 지금 이곳으로 오고 있단다.

YOUNG RAYA
어린 라야

They are?
그들이요?

YOUNG RAYA
어린 라야

Okay, OKAY, we can do this. I'm ready. **I know exactly how** we'll stop them.❹
네, 알았어요. 우린 할 수 있어요. 저도 준비가 됐어요. 어떻게 그들을 막을지 확실히 알고 있다고요.

BENJA
벤자

Really? Tell me what you know about the other lands.
정말? 다른 영토에 대해 알고 있는 걸 말해 보렴.

장면 파헤치기

구문 설명과 예문으로 이 장면의 핵심 표현을 완벽히 이해하세요.

❶ I'm glad you feel prepared, dewdrop. 네가 준비된 것 같아서 기쁘구나, 내 딸.

I'm glad ~는 '~해서 반가워요', '~해서 기뻐요'라는 뜻으로 상대방에게 나의 기쁜 마음을 드러낼 때 쓰는 표현이에요. 처음 만난 사람에게 하는 인사말 Glad to meet you. (만나서 반가워요.)가 바로 이 패턴에서 나온 말이죠. 무엇 때문에 기쁜지 이유를 말할 때는 I'm glad 뒤에 〈주어 + 동사〉 패턴으로 붙여도 되고 간단하게 to 부정사를 써도 돼요.

★ 영화 속 패턴 익히기

❷ Because I have something important to tell you. 왜냐면 네게 긴히 할 말이 있거든.

중요한 말을 하려고 할 때 '나 할 말이 있어'라고 하면 상대방의 관심을 집중시킬 수 있잖아요? I have something to ~는 이런 경우에 적합한 표현이에요. '나 ~할 게 있어'라는 뜻인데 상대방에게 내가 어떤 말이나 행동을 하려고 한다고 미리 언질을 주는 말이에요. 이 대사에서처럼 something 뒤에 important (중요한)과 같은 형용사를 붙일 수도 있어요. 만일 연인에게 서프라이즈 이벤트를 준비하셨다면 I have something to show you. (네게 보여 줄 게 있어.)라며 기대를 갖게 하는 것도 좋겠죠?

* I gotta go. **I have something to** do at home. 나 가야 해. 집에 할 일이 있어서.
* **I have something to** confess. Please don't be mad. 고백할 게 있어요. 제발 화내지 마세요.

❸ The other lands... they're on their way here as we speak.
다른 영토 사람들이… 우리가 말한 것처럼 지금 이곳으로 오고 있단다.

be on one's way는 '~로 오는 중이야'라는 뜻이에요. 구체적으로 어떤 장소로 오고 있는지 표현하고 싶다면 뒤에 'to + 장소'를 붙여 주세요. 이 표현은 문맥에 따라서는 '~로 가는 중이야'라고 해석할 수도 있답니다. 참고로 be in one's way라는 표현도 알아 두세요. '~에 방해가 되다', '~에 걸림돌이 되다'라는 뜻이에요. 두 표현이 비슷하게 생겨서 혼란스러울 수 있으니 명확하게 구별해 두셔야 합니다.

* You're gonna be okay. The doctor **is on her way**. 괜찮을 거야. 의사가 오고 있어.
* **Are** the runners **on their way to** the stadium? 선수들이 경기장으로 오고 있나요?

❹ I know exactly how we'll stop them. 어떻게 그들을 막을지 확실히 알고 있다고요.

지금 라야는 드래곤 젬의 새로운 수호자가 되어서 매우 자신감이 넘치는 상태예요. 이처럼 I know exactly how ~는 '어떻게 ~하는지 확실히 알아요'라는 뜻으로 상대방에게 자신 있는 태도로 하는 말이죠. exactly는 '정확하게'라는 뜻인데 확실히 무언가를 알고 있다고 강조하려고 쓴 단어예요.

* **I know exactly how** we can solve the puzzle. 퍼즐을 푸는 방법을 정확하게 알고 있어요.
* **I know exactly how** we can help him. 그를 도울 방법을 확실히 알고 있어.

영화 속 패턴 익히기

오늘 배운 장면에서 뽑은 핵심 패턴으로 다양한 표현을 만들어 보세요.

03-2.mp3

I'm glad 주어 + 동사 ~ 해서 기뻐요.

Step 1 기본 패턴 연습하기

1 **I'm glad** you're here. 네가 여기에 와서 기뻐.

2 **I'm so glad** we finally met. 우리가 드디어 만났다니 아주 좋네요.

3 **I'm glad** our long journey is over. 우리의 긴 여정이 끝나서 좋아요.

4 ______________ everyone enjoys my cookies. 모두들 내가 만든 쿠키를 좋아하는 걸 보니 기쁘네요.

5 ______________ you found one of my hidden presents. 당신이 내가 숨겨 둔 선물 중 하나를 찾아서 기쁘네요.

Step 2 패턴 응용하기 | I'm glad to ~

1 **I'm glad to** be home. 집에 와서 기뻐.

2 **I'm glad to** hear that. 그런 말을 들으니 기분이 좋은걸.

3 **I'm glad to** finally meet your husband. 당신 남편을 마침내 만나서 기쁘네요.

4 ______________ be back. 돌아와서 기뻐요.

5 ______________ be of help. 도움이 되어서 기분이 좋아요.

Step 3 실생활에 적용하기

A 와 주셔서 기뻐요.
B Hope I'm not too late.
A Perfect timing. We're just about to cut the cake.

A I'm glad you came.
B 제가 너무 늦게 온 게 아니면 좋겠네요.
A 타이밍 잘 맞추셨어요. 케이크를 막 자르려고 했거든요.

정답 Step 1 4 I'm glad 5 I'm glad Step 2 4 I'm glad to 5 I'm glad to

확인학습

문제를 풀며 오늘 배운 표현을 완벽히 내 것으로 만드세요.

A | 영화 속 대화를 완성해 보세요.

BENJA Well, someone's ❶ ______________. 우리 공주님 신나셨네.

YOUNG RAYA Yeah, I mean anyone hoping to ❷ ______________ the dragon gem now has to ❸ ______________ the fury of the TWO baddest blades in all the lands.
네, 그니까 이제 드래곤 젬을 훔치려는 사람들은 이 모든 땅에서 가장 무서운 두 검의 분노와 마주해야 할 거예요.

BENJA ❹ ______________ you feel prepared, dewdrop, because I have ❺ ______________ important to tell you - the other lands... they're ❻ ______________ here as we speak. 네가 준비된 것 같아서 기쁘구나, 내 딸. 왜냐면 네게 긴히 할 말이 있거든 – 다른 영토 사람들이… 우리가 말한 것처럼 지금 이곳으로 오고 있단다.

YOUNG RAYA They are? 그들이요?

YOUNG RAYA Okay, OKAY, we can ❼ ______________ this. I'm ready. ❽ ______________ how we'll stop them.
네, 알았어요. 우린 할 수 있어요. 저도 준비가 됐어요. 어떻게 그들을 막을지 확실히 알고 있다고요.

BENJA Really? ❾ ______________ what you know about the other ❿ ______________.
정말? 다른 영토에 대해 알고 있는 걸 말해 보렴.

B | 다음 빈칸을 채워 문장을 완성해 보세요.

1 네가 여기에 와서 기뻐.
______________ you're here.

2 우리의 긴 여정이 끝나서 좋아요.
______________ our long journey is over.

3 돌아와서 기뻐요.
______________ be back.

4 집에 와서 기뻐.
______________ be home.

5 도움이 되어서 기분이 좋아요.
______________ be of help.

정답 A

❶ excited
❷ steal
❸ face
❹ I'm glad
❺ something
❻ on their way
❼ do
❽ I know exactly
❾ Tell me
❿ lands

정답 B

1 I'm glad
2 I'm glad
3 I'm glad to
4 I'm glad to
5 I'm glad to

Day 04

We Can Be Kumandra Again

우린 다시 쿠만드라가 될 수 있어

라야의 아버지 벤자 족장은 세상이 다시 하나의 쿠만드라가 될 수 있다고 믿고 있어요. 각 부족이 서로 물어뜯지[tear apart] 않고 누군가가 평화로 나아가는 첫발을[first step] 내딛는다면 말이죠. 하지만 다른 부족들은 그렇게 생각하지 않아요. 벤자 족장의 초대로[invitation] 심장의 땅에 모이긴 했지만, 족장들은 심드렁한[unamused] 태도로 그를 대할 뿐이에요. 이런 긴장된[tense] 분위기를 풀어주는 이는 바로 라야예요. 썰렁한[lame] 농담을 하긴 했지만, 송곳니 족의 동갑내기 공주 나마리와 친해지고 이를 지켜보던 사람들은 경계 태세를 낮추며[lower their defenses] 심장의 땅 궁궐로 함께 들어갑니다.

Warm Up! 오늘 배울 표현

오늘 등장하는 표현들입니다. 어떤 표현이 들어가야 할지 생각해 보세요.

* ________ we tear each other apart. 조만간 우리는 자멸하게 될 거야.
* ________ a little tense, ba. 분위기가 좀 심각한데요, 바.
* ________ rob us? 우리 것을 뺏으시려고?
* ________ pontificate on Kumandra when you hold the mightiest weapon in all the lands. 모든 영토 중에서 가장 강력한 무기를 가지고 있으니 쿠만드라에 대해 거들먹거리는 게 쉽지.

바로 이 장면!

오디오 파일을 듣고 3번 따라 말해보세요. 04-1.mp3

BENJA
벤자

But it doesn't have to be. Listen, if we don't stop and learn to trust one another again, **it's only a matter of time before** we tear each other apart.❶ This isn't the world I want you to live in.
하지만 꼭 그럴 필요는 없단다. 들어 보렴, 만일 우리가 경쟁을 멈추고 다시 서로를 믿는 자세를 배우지 않으면 조만간 우리는 자멸하게 될 거야. 난 네가 그런 세상에서 살게 하고 싶지 않아.

BENJA
벤자

I believe that we can be Kumandra again. But someone has to take the first step. Trust me.
난 우리가 다시 쿠만드라가 될 수 있다고 믿어. 하지만 누군가가 먼저 첫발을 내디뎌야 해. 날 믿으렴.

YOUNG RAYA
어린 라야

Things look a little tense, ba.❷
분위기가 좀 심각한데요, 바.

BENJA
벤자

Don't worry. I'm gonna open with a joke.
걱정 마. 농담으로 시작할 테니까.

YOUNG RAYA
어린 라야

Please, don't.
제발, 그러지 마세요.

BENJA
벤자

I'm kidding, I'm kidding.
농담이야, 농담이라고.

BENJA
벤자

People of Tail, Talon, Spine, and Fang, welcome to Heart. For far too long we have been enemies. But today is a new day. Today, we can be Kumandra once more.
꼬리, 발톱, 척추 그리고 송곳니 부족 여러분, 심장의 땅에 오신 것을 환영합니다. 아주 오랫동안 우리는 서로에게 적이었죠. 하지만 오늘은 새로운 날입니다. 오늘부터 우리는 다시 한번 쿠만드라가 될 수 있습니다.

TAIL CHIEF
꼬리의 땅 족장

Nice speech, Chief Benja, but why'd you really bring us here? **Are you gonna** rob us?❸
멋진 연설이었소, 벤자 족장, 하지만 우리를 여기로 부른 진짜 이유가 뭐요? 우리 것을 뺏으시려고?

DANG HAI
댕 하이

Why would he need to rob us? The land of Heart already has everything.
저 사람이 왜 우리 것을 뺏으려 하겠어? 심장의 땅은 이미 모든 걸 다 가졌는데.

SPINE CHIEF
척추의 땅 족장

It's easy to pontificate on Kumandra when you hold the mightiest weapon in all the lands.❹
모든 영토 중에서 가장 강력한 무기를 가지고 있으니 쿠만드라에 대해 거들먹거리는 게 쉽지.

장면 파헤치기

구문 설명과 예문으로 이 장면의 핵심 표현을 완벽히 이해하세요.

❶ It's only a matter of time before we tear each other apart. 조만간 우리는 자멸하게 될 거야.

It's a matter of time before ~는 '~하는 건 시간 문제야', '조만간 ~할 거야'라는 뜻이에요. 언제가 될지는 모르지만 어떤 일이 반드시 일어난다고 확신하는 표현이죠. '시간 문제'라고 해서 a problem of time이라고 쓰면 콩글리시 표현이 되니까 a matter of time이라고 하는 것 잊지 마세요.

* **It's only a matter of time before** they find out. 조만간 그들이 알아낼 거야.
* **Only a matter of time before** we take over the store. 우리가 그 가게를 인수하는 건 시간 문제야.

❷ Things look a little tense, ba. 분위기가 좀 심각한데요, 바.

thing이 '물건'이란 뜻이니까 이 대사를 '물건들이 좀 빳빳한 것 같아'라고 해석하면 너무 어색하겠죠? Things look ~ 혹은 Things are ~는 '(상황이) ~인 것 같아요', '(분위기가) ~해요'라는 뜻인데 일이 진행되고 있는 상황이나 현재 분위기가 전반적으로 어떠한지 말할 때 쓰는 표현이에요. How are you? (잘 지내?)라는 인사말에 Things are great. (다 괜찮아요.)라는 대답처럼 자신의 근황을 말할 때 자주 사용해요.

* **Things are** better now thanks to the new policy. 새로운 정책 덕에 상황이 더 좋아요.
* **Things look** pretty grim. 상황이 아주 안 좋아요.

❸ Are you gonna rob us? 우리 것을 뺏으시려고?

Are you gonna ~?는 상대방이 어떤 행동을 할 것인지 의향을 물어보는 표현이에요. 우리말로 '~할 거예요?'라고 해석하는 게 자연스럽죠. 그리고 rob은 '약탈하다, 강탈하다'라는 뜻인데 steal (훔치다)과는 미묘한 차이가 있어요. 둘 다 '불법으로 빼앗다'라는 의미는 비슷하지만 steal은 '물건'을 훔치는 행위를, rob은 '사람'이나 '장소'를 터는 행위를 의미해요. 그래서 steal the phone이라고 하지 rob the phone이라고는 하지는 않아요. 보통 rob 뒤에는 사람이나 장소를 나타내는 단어를 쓰는 게 자연스러워요. 이 대사에 나오는 rob us처럼 말이죠.

* **Are you gonna** eat that? May I? 너 그거 먹을 거니? 내가 먹어도 될까?
* **Are you gonna** stay or leave? 너 여기 있을 거니 아니면 갈 거니?

❹ It's easy to pontificate on Kumandra when you hold the mightiest weapon in all the lands. 모든 영토 중에서 가장 강력한 무기를 가지고 있으니 쿠만드라에 대해 거들먹거리는 게 쉽지.

It's easy to ~는 '~하는 게 쉬워'라는 뜻이에요. 반대로 '~하는 게 어려워'라고 할 때는 It's hard to ~라고 해요. to 뒤에 어떤 일이 쉽고 어려운지 동사의 기본형으로 써 주면 됩니다. 그리고 It이 나왔다고 해서 '그것은 쉬워요'라고 해석하지 마세요. 이때 사용된 it은 특별한 의미 없이 주어 자리에 넣은 것뿐이에요. 뒤에서 다양한 문장을 만들면서 연습해 볼게요.

★ 영화 속 패턴 익히기

영화 속 패턴 익히기

오늘 배운 장면에서 뽑은 핵심 패턴으로 다양한 표현을 만들어 보세요.

04-2.mp3

It's easy to ~

~ 하는 게 쉬워.

Step 1 기본 패턴 연습하기

1 **It's easy to** remove the stain. 얼룩을 제거하는 건 쉬워요.

2 **It's easy to** get lost in the maze. 미로에서 길을 잃기가 쉬워.

3 **It's easy to** forget who you are. 네가 누구인지 정체성을 잊어버리는 건 쉬워.

4 ______________ see other people's faults. 다른 사람의 잘못을 바라보는 건 쉬워.

5 ______________ keep your room tidy. 네 방을 정돈하는 건 쉬워.

Step 2 패턴 응용하기 | It's hard to ~

1 **It's hard to** explain. 설명하기 힘들어요.

2 **It's hard to** suppress your emotions but you should. 감정을 억누르기 힘들겠지만 그래야 해요.

3 **It's so hard to** wake him up once he's asleep. 그는 한번 자면 깨우기 정말 힘들어요.

4 ______________ read his mind. 그의 생각을 읽기가 어려워.

5 ______________ read the fine print. 작게 인쇄된 글자를 읽는 건 정말 어려워요.

Step 3 실생활에 적용하기

A 뭐, 모터를 고치는 건 정말 쉬워.

B That's good. Can you do it now?

A Afraid not. I don't have the proper tools.

A Well, it's so easy to fix the motor.

B 잘됐네. 지금 할 수 있어?

A 그건 안 될 것 같아. 적당한 도구가 없거든.

정답 Step 1 4 It's easy to 5 It's easy to Step 2 4 It's hard to 5 It's so hard to

확인학습

문제를 풀며 오늘 배운 표현을 완벽히 내 것으로 만드세요.

A | 영화 속 대화를 완성해 보세요.

BENJA But it doesn't ❶ ________ be. Listen, if we don't stop and learn to trust one another again, it's only ❷ ______________ before we tear each other apart. This isn't the world I want you to live in.
하지만 꼭 그럴 필요는 없단다. 들어 보렴. 만일 우리가 경쟁을 멈추고 다시 서로를 믿는 자세를 배우지 않으면 조만간 우리는 자멸하게 될 거야. 난 네가 그런 세상에서 살게 하고 싶지 않아.

BENJA ❸ ________ that we can be Kumandra again. But someone has to take the first ❹ ________. Trust me.
난 우리가 다시 쿠만드라가 될 수 있다고 믿어. 하지만 누군가가 먼저 첫발을 내디뎌야 해. 날 믿으렴.

YOUNG RAYA ❺ ________ look a little tense, ba. 분위기가 좀 심각한데요, 바.

BENJA Don't worry. I'm gonna open with a joke. 걱정 마. 농담으로 시작할 테니까.

YOUNG RAYA Please, don't. 제발, 그러지 마세요.

BENJA I'm kidding, I'm kidding. 농담이야, 농담이라고.

BENJA People of Tail, Talon, Spine, and Fang, welcome to Heart. For far too long we have been ❻ ________. But today is a new day. Today, we can be Kumandra once more. 꼬리, 발톱, 척추 그리고 송곳니 부족 여러분, 심장의 땅에 오신 것을 환영합니다. 아주 오랫동안 우리는 서로에게 적이었죠. 하지만 오늘은 새로운 날입니다. 오늘부터 우리는 다시 한번 쿠만드라가 될 수 있습니다.

TAIL CHIEF Nice ❼ ________, Chief Benja, but why'd you really bring us here? ❽ ______________ rob us?
멋진 연설이었소, 벤자 족장. 하지만 우리를 여기로 부른 진짜 이유가 뭐요? 우리 것을 뺏으시려고?

DANG HAI Why would he need to rob us? The land of Heart already has ❾ ________. 저 사람이 왜 우리 것을 뺏으려 하겠어? 심장의 땅은 이미 모든 걸 다 가졌는데.

SPINE CHIEF ❿ ________ to pontificate on Kumandra when you hold the mightiest weapon in all the lands. 모든 영토 중에서 가장 강력한 무기를 가지고 있으니 쿠만드라에 대해 거들먹거리는 게 쉽지.

B | 다음 빈칸을 채워 문장을 완성해 보세요.

1 다른 사람의 잘못을 바라보는 건 쉬워.
______________ see other people's faults.

2 네 방을 정돈하는 건 쉬워.
______________ keep your room tidy.

3 얼룩을 제거하는 건 쉬워요.
______________ remove the stain.

4 그는 한번 자면 깨우기 정말 힘들어요.
______________ wake him up once he's asleep.

5 설명하기 힘들어요.
______________ explain.

정답 A

❶ have to
❷ a matter of time
❸ I believe
❹ step
❺ Things
❻ enemies
❼ speech
❽ Are you gonna
❾ everything
❿ It's easy

정답 B

1 It's easy to
2 It's easy to
3 It's easy to
4 It's so hard to
5 It's hard to

Day 05

Raya's New Friend

라야의 새 친구

라야와 나마리는 비슷한 점이 많은 것 같아요. 농담을 전혀 못하는 부모님을 두었을 뿐만 아니라 불편한[uncomfortable] 옷은 끔찍하게 싫어하는[abhor] 여전사들이거든요. 그리고 둘 다 드래곤 덕후라는[nerd] 공통점도 있어요. 나마리는 두루마리를[scroll] 꺼내 라야에게 보여 주며 시수에 관한 전설을[legend] 설명해 줍니다. 전설에 따르면 마지막 드래곤인 시수는 아직도 강 끝에서 잠을 자고 있다고 하네요. 라야가 마음에 든 나마리는 아주 소중하게 여기는 드래곤 목걸이 장식을[pendant] 그녀에게 선물로 건네요. 라야는 이에 감동해서[moved] 나마리를 데리고 어디론가 향하죠.

Warm Up! 오늘 배울 표현

오늘 등장하는 표현들입니다. 어떤 표현이 들어가야 할지 생각해 보세요.

* So ________? 어디까지 말했지?
* ________ have that? 그거 가지고 있어도 되는 거야?
* ________ this, after the Mighty Sisu blasted away all the druun...
  여기에 따르면, 용맹한 시수가 드룬을 모두 물리친 뒤…
* ________ she's now sleeping at the river's end. 전설에 따르면 그녀가 지금 강 끝에서 잠들어 있대.

바로 이 장면!

오디오 파일을 듣고 3번 따라 말해보세요. 05-1.mp3

YOUNG NAMAARI 어린 나마리
Sorry, didn't mean to bring it down. So **where were we?**[1] We both have single parents who are terrible at telling jokes, we're both warrior-women who despise uncomfortable formal wear –
미안, 분위기를 가라앉힐 의도는 아니었는데. 어디까지 말했지? 우리 둘 다 편부모 가정이고 부모님들은 썰렁한 농담만 하지. 불편한 옷은 아주 싫어하는 여전사들이고 –

YOUNG RAYA 어린 라야
- AND we're both Sisu super fans.
– 그리고 둘 다 시수 덕후야.

YOUNG NAMAARI 어린 나마리
Yeah. You know, Fang legend says she's still out there.
그래. 있잖아, 송곳니의 전설에 따르면 시수가 아직도 살아 있대.

YOUNG RAYA 어린 라야
Sisu? You're kidding, right?
시수가? 농담이지, 그치?

YOUNG NAMAARI 어린 나마리
Wanna see something?
뭐 좀 보여줄까?

YOUNG RAYA 어린 라야
Are you supposed to have that?[2]
그거 가지고 있어도 되는 거야?

YOUNG NAMAARI 어린 나마리
No.
물론 안 되지.

YOUNG NAMAARI 어린 나마리
According to this, after the Mighty Sisu blasted away all the druun, she fell into the water and floated downstream.[3] **Legends say** she's now sleeping at the river's end.[4]
여기에 따르면, 용맹한 시수가 드룬을 모두 물리친 뒤 물에 빠져서 아래로 흘러내려 갔다는 거야. 전설에 따르면 그녀가 지금 강 끝에서 잠들어 있대.

장면 파헤치기

구문 설명과 예문으로 이 장면의 핵심 표현을 완벽히 이해하세요.

❶ So **where were we?** 어디까지 말했지?

Where were we?는 단어 그대로 해석하면 오해하기 쉬운 표현이에요. '우리가 어디에 있었니?'가 아니라, 말을 잠시 중단했다가 다시 이어가려고 할 때 '어디까지 했지?'라는 의미로 쓰는 말이거든요.

* Sorry. **Where were we?** 죄송해요. 어디까지 했죠?
* **Where were we?** Right. The story of the enchanted forest. 어디까지 했지? 맞아. 마법의 숲 이야기.

❷ **Are you supposed to** have that? 그거 가지고 있어도 되는 거야?

Are you supposed to ~?는 크게 두 가지 의미로 사용하는 표현이에요. 먼저 이 대사에서처럼 '~해도 되는 거니?'라는 뜻으로 상대방이 어떤 행동을 해도 되는지 의아해하며 물어볼 때 쓸 수 있어요. 또한, '~해야 하니?'라는 의미로 상대방이 어떤 행동을 꼭 해야 하는지 물어볼 때 쓸 수도 있죠. 〈패턴 익히기〉에서는 I'm supposed to ~도 연습하려고 해요. '나 ~해야 해'라는 뜻으로 자신의 계획이나 해야 할 일을 말할 때 쓰는 표현이에요.

★ 영화 속 패턴 익히기

❸ **According to** this, after the Mighty Sisu blasted away all the druun...
여기에 따르면, 용맹한 시수가 드룬을 모두 물리친 뒤…

according to ~는 '~에 따르면'이란 뜻으로 어떤 근거를 제시하며 상대방에게 설명할 때 쓰는 표현이에요. 다른 사람의 말이나 책의 인용구, 자신의 경험 등 자신의 주장에 근거가 되는 것들에는 모두 적용할 수 있어요. 이와 유사한 표현으로 in accordance with ~도 알아 두세요. '~에 근거해서', '~에 따라서'라는 뜻으로 법적 서류 등에 주로 쓰는 말이에요.

* **According to** the test results, your cholesterol level is way too high.
  검사 결과에 따르면, 당신 콜레스테롤 수치가 너무 높아요.
* **According to** the authorities, the power will be back on this afternoon.
  관계자에 따르면, 전기는 오늘 오후에 복구될 거라고 합니다.

❹ **Legends say** she's now sleeping at the river's end. 전설에 따르면 그녀가 지금 강 끝에서 잠들어 있대.

입도 없는 전설이 어떻게 말을 하겠어요? 이 대사에서 ~ say는 '말을 하다'라는 뜻이 아니라 '~에 따르면 …라고 해'라는 의미로 어떤 자료의 구체적인 내용을 설명할 때 쓰는 표현이에요. The newspaper says ~ (신문에 따르면 ~), The memo says ~ (메모에 따르면 ~)처럼 쓸 수 있어요.

* The letter **says** that you should register by December 31. 편지로는 네가 12월 31일까지 등록을 해야 한다네.
* Your website **says** I can return the item within 30 days of purchase.
  웹사이트에는 구입 후 30일 안에는 물건을 반환할 수 있다고 되어 있어요.

영화 속 패턴 익히기

오늘 배운 장면에서 뽑은 핵심 패턴으로 다양한 표현을 만들어 보세요.

05-2.mp3

Are you supposed to ~? ~ 해도 되는 거니?

Step 1 기본 패턴 연습하기

1 **Are you supposed to** be here now? 너 여기에 있어도 되는 거니?

2 What **are you supposed to** do? 어떻게 하려구요?

3 **Are you supposed to** pay the rent even when you don't live there?
네가 거기에 안 살아도 월세를 내야 한다고?

4 ________________ say that? 그런 말해도 되는 거예요?

5 ________________ be there by noon? 정오까지 거기에 가야 하는 거니?

Step 2 패턴 응용하기 I'm supposed to ~

1 **I'm supposed to** take the exam next month. 다음 달에 시험을 쳐야 해요.

2 What **am I supposed to** do? 나 어떻게 하지?

3 **I'm supposed to** take my pills before going to bed. 자기 전에 약을 먹어야 해.

4 ________________ take care of my little sister. 여동생을 돌봐야 해.

5 ________________ go to Seattle with my co-workers. 직장 동료들과 시애틀에 가야 해요.

Step 3 실생활에 적용하기

A 이삿짐을 옮기는 사람들에게 팁을 줘야 하니?
B It's not mandatory, but I usually do.
A How much do you give?

A Are you supposed to tip moving guys?
B 의무는 아니지만, 난 보통 그래.
A 얼마를 주는데?

정답 Step 1 4 Are you supposed to 5 Are you supposed to Step 2 4 I'm supposed to 5 I'm supposed to

확인학습

문제를 풀며 오늘 배운 표현을 완벽히 내 것으로 만드세요.

A | 영화 속 대화를 완성해 보세요.

YOUNG NAMAARI Sorry, didn't ❶ __________ bring it down. So ❷ __________? We both have single parents who are ❸ __________ at telling jokes, we're both warrior-women who despise ❹ __________ formal wear – 미안, 분위기를 가라앉힐 의도는 아니었는데. 어디까지 말했지? 우리 둘 다 편부모 가정이고 부모님들은 썰렁한 농담만 하지. 불편한 옷은 아주 싫어하는 여전사들이고 –

YOUNG RAYA - AND we're both Sisu super fans. - 그리고 둘 다 시수 덕후야.

YOUNG NAMAARI Yeah. You know, Fang legend says she's still out there. 그래. 있잖아, 송곳니의 전설에 따르면 시수가 아직도 살아 있대.

YOUNG RAYA Sisu? You're ❺ __________, right? 시수가? 농담이지, 그치?

YOUNG NAMAARI ❻ __________ see something? 뭐 좀 보여줄까?

YOUNG RAYA Are you ❼ __________ have that? 그거 가지고 있어도 되는 거야?

YOUNG NAMAARI No. 물론 안 되지.

YOUNG NAMAARI ❽ __________ this, after the Mighty Sisu blasted away all the druun, she fell into the water and ❾ __________ downstream. Legends ❿ __________ she's now sleeping at the river's end. 여기에 따르면, 용맹한 시수가 드룬을 모두 물리친 뒤 물에 빠져서 아래로 흘러내려 갔다는 거야. 전설에 따르면 그녀가 지금 강 끝에서 잠들어 있대.

B | 다음 빈칸을 채워 문장을 완성해 보세요.

1 어떻게 하려구요?
What __________ do?

2 그런 말해도 되는 거예요?
__________ say that?

3 다음 달에 시험을 쳐야 해요.
__________ take the exam next month.

4 직장 동료들과 시애틀에 가야 해요.
__________ go to Seattle with my co-workers.

5 여동생을 돌봐야 해.
__________ take care of my little sister.

정답 A

❶ mean to
❷ where were we
❸ terrible
❹ uncomfortable
❺ kidding
❻ Wanna
❼ supposed to
❽ According to
❾ floated
❿ say

정답 B

1 are you supposed to
2 Are you supposed to
3 I'm supposed to
4 I'm supposed to
5 I'm supposed to

Day 06

Namaari's Betrayal

나마리의 배신

라야가 나마리를 데리고 간 곳은 시수의 젬이 있는 드래곤 신전[temple]이에요. 경외심을 가지고[in awe] 시수의 젬을 바라보던 나마리는 갑자기 본색을 들어내며 라야를 공격하고 무장한[armed] 송곳니 사람들을 불러들여 젬을 차지하려고 하죠. 이때 벤자 족장이 나타나 그들을 막으려고 하지만 욕심에[greed] 눈이 먼 사람들을 막기에는 역부족이었어요. 사람들이 젬을 차지하려고 서로 싸우다가 시수의 젬이 다섯 조각으로[shard] 깨져 버려요. 그러자 땅이 흔들리며 드룬이 나타나[emerge] 사람들을 돌로 만들어 버리기 시작해요. 드룬들이 물을 싫어한다는[repelled] 사실을 알고 사람들은 물가로 대피하지만, 이미 너무 늦어 버렸어요. 크게 다친[injured] 벤자 족장은 라야를 살리려고 그녀를 강물로 밀어내고 돌 석상[statue]으로 변해버립니다.

Warm Up! 오늘 배울 표현

오늘 등장하는 표현들입니다. 어떤 표현이 들어가야 할지 생각해 보세요.

* In a different world, maybe we __________ friends.
  다른 세상에 만났더라면, 우리가 친구가 되었을 수도 있었겠지.
* But __________ do what's right for Fang. 하지만 난 송곳니의 땅에 옳은 일을 해야 해.
* __________ you're taking Sisu's Gem. 절대로 시수의 젬을 가지고 갈 수 없어.
* __________? 무슨 일이죠?

바로 이 장면!

오디오 파일을 듣고 3번 따라 말해보세요. 06-1.mp3

YOUNG NAMAARI
어린 나마리

In a different world, maybe we **coulda been** friends.[1] But **I have to** do what's right for Fang.[2]
다른 세상에 만났더라면, 우리가 친구가 되었을 수도 있었겠지. 하지만 난 송곳니의 땅에 옳은 일을 해야 해.

BENJA
벤자

Chief Virana, I'm so glad Fang accepted our invitation.
비라나 족장님, 송곳니 부족이 초대에 응해 주셔서 너무 기쁩니다.

YOUNG RAYA
어린 라야

There is no way you're taking Sisu's Gem.[3]
절대로 시수의 젬을 가지고 갈 수 없어.

YOUNG NAMAARI
어린 나마리

Sorry. It's Fang's now.
미안. 그건 이제 송곳니의 땅 꺼야.

BENJA
벤자

You will not set foot on the Dragon Gem's inner circle.
드래곤 젬이 있는 곳에는 한 발짝도 들여놓을 수 없다.

FEMALE SPINE WARRIOR
척추의 땅 여전사

What's going on?[4]
무슨 일이죠?

SPINE CHIEF
척추의 땅 족장

What is this?
이건 도대체 뭐요?

FEMALE SPINE WARRIOR
척추의 땅 여전사

Fang's making a play for the Gem!
송곳니의 땅에서 젬을 차지하려고 음모를 꾸몄어!

SPINE CHIEF
척추의 땅 족장

No! Spine should have the gem!
안 돼! 척추의 땅이 젬을 가져야 해!

TAIL CHIEF
꼬리의 땅 족장

Not if we get to it first!
우리가 먼저 차지하면 그럴 수 없을걸!

장면 파헤치기

구문 설명과 예문으로 이 장면의 핵심 표현을 완벽히 이해하세요.

❶ In a different world, maybe we coulda been friends.

다른 세상에 만났더라면, 우리가 친구가 되었을 수도 있었겠지.

choulda는 could have를 빨리 발음한 대로 쓴 말이에요. could have p.p는 '~했을 수도 있었는데'라는 의미로 과거 일에 대한 후회나 아쉬움을 말할 때 쓰는 표현에요. 이 표현을 활용한 coulda, shoulda, woulda도 알고 있으면 좋을 것 같군요. shoulda는 should have, woulda는 would have를 줄인 말인데 과거의 선택이나 행동에 대해 후회해 봤자 소용없다는 의미로 쓰는 회화 표현이에요.

- You **could have made** it if you had listened to me. 내 말을 들었으면 네가 해낼 수도 있었다고.
- We **could have travelled** to different countries. 우리가 다른 나라를 여행할 수도 있었겠지.

❷ But I have to do what's right for Fang. 하지만 난 송곳니의 땅에 옳은 일을 해야 해.

I have to ~는 '나 ~해야 해'라는 뜻으로 자신이 해야 할 일을 말할 때 가장 쉽게 쓸 수 있는 표현이에요. 반대로 '나 ~ 안 해도 돼'라고 할 때는 I don't have to ~라고 하면 돼요. I gotta ~ 역시 '나 ~해야 해'라는 뜻으로 자주 쓰는 표현인데 회화에서 주로 사용해요. I have to와 I gotta는 회화에서 정말 많이 사용하는 패턴이니까 뒤에서 더 자세하게 연습해 볼게요.

★ 영화 속 패턴 익히기

❸ There is no way you're taking Sisu's Gem. 절대로 시수의 젬을 가지고 갈 수 없어.

There is no way는 크게 두 가지 의미로 자주 쓰는 표현이에요. 먼저 '~할 가능성은 없어'라는 뜻으로 어떤 일이 벌어질 가능성이나 방법이 없다고 할 때 쓸 수 있어요. 또한, '절대로 ~할 수 없어'라는 뜻으로 상대방에게 자신의 의지를 강하게 표현할 때 쓰기도 하죠. 이 대사에서는 절대로 시수의 젬을 빼앗기지 않겠다는 라야의 강한 의지를 고스란히 느낄 수 있어요.

- **There's no way** you can change the past. 네가 과거를 바꿀 수는 없는 거잖아.
- **There's no way** you can stop me. 날 절대 막을 수 없어요.

❹ What's going on? 무슨 일이죠?

What's going on?은 '무슨 일이야?'라는 뜻으로 현재 벌어지고 있는 일에 대해서 의아해하며 물어보는 말이에요. 또한, 지금의 상황을 알아보려고 상대에게 '왜 그러는 거야?'라고 물어볼 때 쓸 수도 있어요. What's happening? 역시 같은 의미로 자주 쓰는 의문 표현이에요. What's going on? What's happening? 처럼 두 표현을 동시에 쓰면서 호들갑을 떠는 디즈니 캐릭터들을 자주 보셨을 거예요.

- **What's going on?** Why did Jenny leave without saying goodbye?
  무슨 일이에요? 제니가 왜 인사도 없이 간 거죠?
- **What's going on?** What's happening to me? 무슨 일이야? 내가 왜 이런 거지?

오늘 배운 장면에서 뽑은 핵심 패턴으로 다양한 표현을 만들어 보세요.

06-2.mp3

I have to ~ 나 ~해야 해.

Step 1 기본 패턴 연습하기

1 **I have to** return these books to the library. 이 책들을 도서관에 반납해야 해.

2 **I have to** see her before she leaves for good. 그녀가 영영 떠나기 전에 그녀를 만나야 해.

3 **I have to** take a rain check. 다음으로 미뤄야겠어요.

4 ________________ tell her the truth. 그녀에게 사실을 말해야 해.

5 ________________ use the bathroom. 화장실을 써야겠어요.

Step 2 패턴 응용하기 | I gotta ~

1 **I gotta** go to work. 나 회사에 가야 해.

2 **I gotta** write what he's saying. 그가 하는 말을 적어야겠어.

3 **I gotta** enlarge the letters on my phone. 내 휴대폰 글씨를 키워야겠어.

4 ________________ make a plan. 계획을 세워야 해.

5 ________________ ask her something. 그녀에게 뭘 물어봐야 해요.

Step 3 실생활에 적용하기

A Where are you going, pal?
B You guys go ahead. 이 전화를 받아야 해서.
A Okay. We'll save you a seat.

A 어디에 가는 거야, 친구?
B 너희들 먼저 가. I have to take this call.
A 알았어. 자리 맡아 둘게.

정답 Step 1 4 I have to 5 I have to Step 2 4 I gotta 5 I gotta

확인학습

문제를 풀며 오늘 배운 표현을 완벽히 내 것으로 만드세요.

A | 영화 속 대화를 완성해 보세요.

YOUNG NAMAARI In a different world, maybe we ❶ ______ friends. But I ❷ ______ do what's right for Fang. 다른 세상에 만났더라면, 우리가 친구가 되었을 수도 있었겠지. 하지만 난 송곳니의 땅에 옳은 일을 해야 해.

BENJA Chief Virana, I'm so glad Fang ❸ ______ our invitation. 비라나 족장님, 송곳니 부족이 초대에 응해 주셔서 너무 기쁩니다.

YOUNG RAYA There is ❹ ______ you're taking Sisu's Gem. 절대로 시수의 젬을 가지고 갈 수 없어.

YOUNG NAMAARI ❺ ______. It's Fang's now. 미안. 그건 이제 송곳니의 땅 꺼야.

BENJA You will not set ❻ ______ on the Dragon Gem's inner circle. 드래곤 젬이 있는 곳에는 한 발짝도 들여놓을 수 없다.

FEMALE SPINE WARRIOR What's ❼ ______? 무슨 일이죠?

SPINE CHIEF ❽ ______ is this? 이건 도대체 뭐요?

FEMALE SPINE WARRIOR Fang's making a ❾ ______ for the Gem! 송곳니의 땅에서 젬을 차지하려고 음모를 꾸몄어!

SPINE CHIEF No! Spine should have the gem! 안 돼! 척추의 땅이 젬을 가져야 해!

TAIL CHIEF ❿ ______ we get to it first! 우리가 먼저 차지하면 그럴 수 없을걸!

B | 다음 빈칸을 채워 문장을 완성해 보세요.

1 다음으로 미뤄야겠어요.

______ take a rain check.

2 그녀에게 사실을 말해야 해.

______ tell her the truth.

3 화장실을 써야겠어요.

______ use the bathroom.

4 그가 하는 말을 적어야겠어.

______ write what he's saying.

5 나 회사에 가야 해.

______ go to work.

정답 A

❶ coulda been
❷ have to
❸ accepted
❹ no way
❺ Sorry
❻ foot
❼ going on
❽ What
❾ play
❿ Not if

정답 B

1 I have to
2 I have to
3 I have to
4 I gotta
5 I gotta

Day 07

The Last Hope

마지막 희망

드룬이 다시 나타나 사람들을 돌로 만들어 버린지도 6년이 지났어요. 라야는 집채만한 크기로 성장한 쥐며느리[pill bug] 툭툭을 타고 마지막 드래곤인 시수를 찾아 황폐한 모습의[harsh-looking] 쿠만드라를 헤집고 다녀요. 그리고 작은 물줄기가[trickle] 인도하는 난파선[shipwreck] 안으로 발걸음을 옮기죠. 이제 라야는 이곳에서 실낱같은 마지막 희망을 안고 시수를 부르는 의식을 진행해요. 라야의 간절함이 통한 것일까요? 갑자기 물방울들이[water droplet] 공중으로 올라가더니 소용돌이치기[swirl] 시작해요. 물방울들이 공중에서 떠다니며[float] 그것들이 모여 어떤 형체가 나타납니다. 라야가 간절히 바라던 대로 바로 그분이 오신 걸까요?

Warm Up! 오늘 배울 표현

오늘 등장하는 표현들입니다. 어떤 표현이 들어가야 할지 생각해 보세요.

* __________ a bad sign, __________? 나쁜 징조는 아니야, 그렇지?
* __________ you're listening. 제 말씀을 듣고 있는지 모르겠지만.
* Look, __________ us __________. 남아 있는 사람은 많지 않아요.
* I just really... really __________ my ba __________. 전 정말··· 정말로 바를 되찾고 싶어요.

바로 이 장면!

오디오 파일을 듣고 3번 따라 말해보세요.

07-1.mp3

RAYA
라야

Six years of searching and we end up at a literal shipwreck. **That's not** a bad sign, **is it?**[1]

6년 동안 찾아다녔는데 진짜로 난파선을 만나게 되다니. 나쁜 징조는 아니야, 그렇지?

TUK TUK
툭툭

Hrmph.

흠.

RAYA
라야

Sisudatu... **I don't know if** you're listening.[2] I've searched every river to find you. And now I'm here at the very last one. Look, **there's not a lot of us left** and we really... we really need your help.[3] If I can be honest, I really need your help. I made a mistake. I trusted someone I shouldn't have. And now the world's broken. Sisudatu, I just really... really **want my ba back**.[4] Please.

시수다투… 제 말씀을 듣고 있는지 모르겠지만, 당신을 만나기 위해 모든 강을 찾아다녔어요. 이제 마지막 강에 오게 되었네요. 남아 있는 사람은 많지 않아요. 그리고 우리는… 우리는 정말로 당신의 도움이 필요해요. 솔직히 말씀드리면, 제가 당신의 도움이 절실히 필요해요. 제가 실수를 저질렀어요. 믿지 말았어야 했던 사람을 믿었거든요. 그래서 이 세상이 갈라지게 되었죠. 시수다투, 전 정말… 정말로 바를 되찾고 싶어요. 제발 부탁드려요.

RAYA
라야

Okay. Here goes everything.

자, 최대한 해보는 거야.

장면 파헤치기

구문 설명과 예문으로 이 장면의 핵심 표현을 완벽히 이해하세요.

❶ That's not a bad sign, is it? 나쁜 징조는 아니야, 그렇지?

~ is it?은 자기 생각을 말한 뒤에 상대방도 그렇게 생각하는지 간단하게 물어보는 표현이에요. That's not ~처럼 부정문 뒤에는 ~ is it?을 쓰지만, That's ~와 같은 긍정문이 앞에 올 때는 ~ isn't it?이라고 써야 해요. 두 가지 표현을 활용해서 다양한 문장들을 만들어 보는 연습해 볼게요.

★영화 속 패턴 익히기

❷ I don't know if you're listening. 제 말씀을 듣고 있는지 모르겠지만.

몇 해 동안 시수를 찾으러 다녔지만, 허탕만 친 라야가 소심하게 하는 말이군요. I don't know if ~는 '~인지 모르겠어'라는 뜻으로 자기 생각을 확실히 믿지 못하고 자신 없는 태도로 말할 때 쓰는 표현이에요. 여기서 사용된 if는 '~인지 아닌지'라는 뜻이에요.

* **I don't know if** I can do it on my own. 나 혼자 그걸 감당할 수 있을지 모르겠어.
* **I don't know if** you're aware of this, but this is a very serious issue.
  당신이 이걸 알고 있는지 모르겠지만, 이건 정말 심각한 문제라고요.

❸ Look, there's not a lot of us left. 남아 있는 사람은 많지 않아요.

There's not a lot of ~ left는 현재 남아 있는 것이 많이 없다고 말할 때 쓰는 표현이에요. 같은 의미로 There's not much ~ left라는 응용 표현도 많이 써요. '~할 게 많이 남지 않았어'라고 할 때는 to 부정사를 뒤에 붙이면 돼요. There's not much left to eat. (먹을 게 많이 남지 않았어.), There's not much to do. (할 게 많이 남지 않았어요.)처럼 말이죠.

* **There's not much time left.** We gotta go now! 시간이 많이 남지 않았어요. 지금 가야 해요!
* I'm afraid **there's not much left to** tell. 드릴 말씀이 많이 없네요.

❹ I just really... really want my ba back. 전 정말… 정말로 바를 되찾고 싶어요.

아빠를 그리워하는 라야의 간절함이 느껴지는 대사군요. want ~ back은 어떤 대상을 다시 찾고 싶다는 의미로 쓰는 표현이에요. '~를 되찾고 싶어'라는 해석이 적절하지만, 문맥에 따라 '~를 돌려받고 싶다'라고 해석할 수 있어요. I want my money back. (환불받고 싶어요.)처럼 말이죠.

* I just **want** my puppy **back**. Help me find him.
  난 단지 내 강아지를 되찾고 싶어요. 그를 찾을 수 있도록 도와주세요.
* I really **want** our house **back**. We have so many memories there.
  우리 집을 되찾고 싶어. 거기에 너무 많은 추억들이 있잖아.

영화 속 패턴 익히기

오늘 배운 장면에서 뽑은 핵심 패턴으로 다양한 표현을 만들어 보세요.

07-2.mp3

That's not ~, is it?

~ 아니지, 그렇지?

Step 1 기본 패턴 연습하기

1 **That's not** true, **is it?** 사실이 아니지, 그렇지?

2 **That's not** what he meant, **is it?** 그가 그런 의도로 한 말은 아니야, 그렇지?

3 **That's not** correct, **is it?** 정확한 게 아니죠, 그렇죠?

4 That's not what we're looking for, ______________? 그게 우리가 찾는 게 아니지, 그렇지?

5 That's not gonna happen, ______________? 그런 일이 생기는 않겠죠, 그렇죠?

Step 2 패턴 응용하기 | That's ~, is it?

1 **That's** it, **isn't it?** 바로 그거예요, 안 그래요?

2 **That's** funny, **isn't it?** 재미있네요, 안 그런가요?

3 **That's** weird, **isn't it?** 이상하네, 안 그래?

4 That's very interesting, ______________? 아주 흥미롭군요, 안 그래요?

5 That's why you're selling your precious collection, ______________?
그래서 네가 귀중한 수집품을 파는 거잖아, 안 그래?

Step 3 실생활에 적용하기

A So, is this your new design?
B Yeah, 그리 나쁘지 않지, 그렇지?
A I really love it! It's simple but elegant.

A 그래서, 이게 네가 한 새로운 디자인이야?
B 응, that's not so bad, is it?
A 마음에 무척 드는데! 심플하지만 고상해.

정답 Step 1 4 is it 5 is it Step 2 4 isn't it 5 isn't it

확인학습

문제를 풀며 오늘 배운 표현을 완벽히 내 것으로 만드세요.

A | 영화 속 대화를 완성해 보세요.

RAYA Six years of ❶ __________ and we ❷ __________ at a literal shipwreck. That's not a bad sign, ❸ __________?
6년 동안 찾아다녔는데 진짜로 난파선을 만나게 되다니. 나쁜 징조는 아니야, 그렇지?

TUK TUK Hrmph. 흠.

RAYA Sisudatu... I don't ❹ __________ you're listening. I've ❺ __________ every river to find you. And now I'm here at the very last one. Look, there's not a lot of us ❻ __________ and we really... we really need your help. If I can be ❼ __________, I really need your help. I made a ❽ __________. I trusted someone I shouldn't have. And now the world's broken. Sisudatu, I just really... really want my ba ❾ __________. Please.
시수다투… 제 말씀을 듣고 있는지 모르겠지만, 당신을 만나기 위해 모든 강을 찾아다녔어요. 이제 마지막 강에 오게 되었네요. 남아 있는 사람은 많지 않아요. 그리고 우리는… 우리는 정말로 당신의 도움이 필요해요. 솔직히 말씀드리면, 제가 당신의 도움이 절실히 필요해요. 제가 실수를 저질렀어요. 믿지 말았어야 했던 사람을 믿었거든요. 그래서 이 세상이 갈라지게 되었죠. 시수다투, 전 정말… 정말로 바를 되찾고 싶어요. 제발 부탁드려요.

RAYA Okay. ❿ __________ goes everything.
자, 최대한 해보는 거야.

B | 다음 빈칸을 채워 문장을 완성해 보세요.

1 사실이 아니지, 그렇지?
That's not true, __________?

2 그가 그런 의도로 한 말은 아니야, 그렇지?
That's not what he meant, __________?

3 정확한 게 아니죠, 그렇죠?
That's not correct, __________?

4 이상하네, 안 그래?
That's weird, __________?

5 아주 흥미롭군요, 안 그래요?
That's very interesting, __________?

정답 A

❶ searching
❷ end up
❸ is it
❹ know if
❺ searched
❻ left
❼ honest
❽ mistake
❾ back
❿ Here

정답 B

1 is it
2 is it
3 is it
4 isn't it
5 isn't it

Day 08

Sisu Is Awake

시수가 깨어나다

라야가 간절히도 바라던 시수가 깨어났어요[awake]. 먼지가[dust] 가라앉으며 시수의 형체가 보이자 라야는 기뻐하며[delighted] 크게 소리를 질러요[squeal]. 이 순간을 간절히 바랐던 건 라야 뿐만이 아닌 것 같군요. 시수 역시 사람이 다시 돌아왔다는 사실을 알고 흥분을[excitement] 감추지 못해요. 그런데 시수는 500년이 지났다는 사실을 잘 모르는 것 같아요. 자신의 말랭이[jerkey] 간식을 씹어 먹는[take a bite] 시수에게 라야는 500년 동안 있었던 일을 알려 주려고 말을 꺼내기 시작해요.

Warm Up! 오늘 배울 표현

오늘 등장하는 표현들입니다. 어떤 표현이 들어가야 할지 생각해 보세요.

* And you're NOT made of stone, ________... 넌 돌이 아니네. 그 말은…
* ________ saving the world. 세상을 구하는데 너무 집중하느라.
* ________ have breakfast today. 오늘 아침 먹는 걸 깜빡했지 뭐야.
* Well, ________. 음, 요리 솜씨가 훌륭하네.

바로 이 장면!

오디오 파일을 듣고 3번 따라 말해보세요. 08-1.mp3

RAYA 라야	Sisu. You are... Sisu! 시수. 당신이… 시수군요!
SISU 시수	And you're... people. What's your name? 그리고 넌… 인간이네. 이름이 뭐니?
RAYA 라야	Raya. I'm Raya. 라야. 저는 라야예요.
SISU 시수	And you're NOT made of stone, **which means...**❶ 넌 돌이 아니네, 그 말은…
SISU/RAYA 시수/라야	It worked! 됐어!
SISU 시수	We did it! Ya hear that, Pengu? It worked! I didn't mess it up! Is that food? **I was so focused on** saving the world,❷ **I forgot to** have breakfast today.❸ 우리가 해냈다고! 들었어, 펭구? 됐어! 내가 망치지 않았어! 그거 먹을 거니? 세상을 구하는데 너무 집중하느라 오늘 아침 먹는 걸 깜빡했지 뭐야.
RAYA 라야	Today? When exactly do you think "today" is? 오늘이요? '오늘'이 정확하게 언제라고 생각하세요?
SISU 시수	Tuesday. Ugh! I mean... Mmm. What is this delightful culinary treat? 화요일. 으! 내 말은… 음. 이렇게 맛있는 음식은 뭐지?
RAYA 라야	It's jackfruit jerky. I dried it myself. 잭푸르트 말랭이에요. 제가 직접 말린 거죠.
SISU 시수	Well, **compliments to the chef.**❹ Wanna finish this, skippy? 음, 요리 솜씨가 훌륭하네. 이거 마저 먹을래, 깡총아?

장면 파헤치기

구문 설명과 예문으로 이 장면의 핵심 표현을 완벽히 이해하세요.

❶ And you're NOT made of stone, which means... 넌 돌이 아니네, 그 말은…

~, which means ~는 상대에게 무언가를 설명한 후 그게 어떤 의미가 있는지를 이어서 설명하려고 할 때 쓰는 표현입니다. 우리말에서 '그건 말이지', '그런데 말야'처럼 양념으로 쓰는 표현이에요. 관계대명사의 '계속적 용법'이라는 어려운 문법 용어로 이해하려는 분들이 있는데 실제 회화에서 문법 용어는 그리 중요하지 않아요. '보충 설명을 할 때 쓰는 말이다' 정도로만 알고 있어도 충분해요.

* Winter is here, **which means** it's time to take out your skis and snowboard.
  겨울이 왔어요. 그 말은 스키와 스노우보드를 꺼낼 시간이 되었다는 거죠.
* Mr. Patt called in sick today, **which means** no staff meeting today.
  팻 씨가 오늘 결근을 했어요. 그 말은 오늘 스태프 미팅이 없다는 거죠.

❷ I was so focused on saving the world. 세상을 구하는데 너무 집중하느라.

be focused on ~은 '~에 푹 빠져 있다', '~에 집중하고 있다'라는 뜻으로 무언가에 온 신경을 집중시키고 있는 상태를 의미해요. on 뒤에 동사를 쓰고 싶으면 반드시 ~ing 형태로 바꿔야 해요.

* I didn't know you called me. **I was so focused on** the game.
  네가 전화한 줄 몰랐어. 게임에 너무 집중하고 있었거든.
* **She's completely focused on** revising the education plan.
  그녀는 교육 계획을 수정하는데 완전히 푹 빠져 있어요.

❸ I forgot to have breakfast today. 오늘 아침 먹는 걸 깜빡했지 뭐야.

바쁘게 생활하다 보면 깜빡하고 잊어버리는 일도 많이 생기죠. I forgot to ~는 '~하는 걸 깜빡했어'라는 뜻으로 생활 영어에 자주 등장하는 표현이에요. '~만큼은 절대로 까먹지 않겠어'라며 되뇔 때는 I'll never forget to ~라는 표현을 써 주세요. 〈패턴 익히기〉에서 이 표현들을 열심히 연습해서 절대 '잊어버리지 않도록' 하세요. ★영화 속 패턴 익히기

❹ Well, compliments to the chef. 음, 요리 솜씨가 훌륭하네.

compliment는 '칭찬, 찬사'라는 뜻이에요. Compliments to the chef를 단어 그대로 해석하면 '그 요리사에게 칭찬'이 되죠? 맛있는 음식을 먹고 그 요리를 만든 사람에게 폭풍 칭찬을 하는 말인데 맨 앞에 my나 our를 붙일 수도 있어요. 오늘은 나를 위해 요리해 준 가족이나 친구에게 My compliments to the chef!라고 칭찬해 보는 건 어떨까요?

* **My compliments to the chef.** The best clam chowder that I've ever tried.
  요리 솜씨가 너무 훌륭하세요. 지금까지 먹어 본 클램 차우더 중에 최고예요.
* The dinner was so amazing. **Our compliments to the chef!**
  저녁 너무 맛있었어요. 정말 요리 솜씨가 좋으세요!

영화 속 패턴 익히기

오늘 배운 장면에서 뽑은 핵심 패턴으로 다양한 표현을 만들어 보세요.

08-2.mp3

I forgot to ~
~ 하는 걸 깜빡했어.

Step 1 기본 패턴 연습하기

1 **I forgot to** bring my lunch. 점심을 깜빡하고 안 가져왔어.

2 **I forgot to** silence my phone. 휴대폰을 매너 모드로 하는 걸 깜빡했네.

3 **I forgot to** make a backup file. 백업 파일을 깜빡하고 안 만들었어요.

4 ______________ lock the door. 문을 잠그는 걸 깜빡했어요.

5 ______________ send the invitations. 초대장 보는 걸 깜박했어요.

Step 2 패턴 응용하기 | I'll never forget to ~

1 **I'll never forget to** say, "I love you." "사랑한다"고 말하는 건 잊지 않을게요.

2 **I'll never forget to** clear my search history. 인터넷 검색 목록 지우는 건 잊지 않을게요.

3 **I'll never forget to** check the nutritional values. 영양 정보를 확인하는 건 까먹지 않을게요.

4 ______________ visit your grammie. 너희 할머니를 찾아뵙는 거 까먹지 않고 있을게.

5 ______________ think positively at all times. 항상 긍정적으로 생각하는 거 잊지 않겠어요.

Step 3 실생활에 적용하기

A What's the matter?	A 왜 그래?
B 노트북을 깜빡하고 안 가져왔어. It's in my car.	B I forgot to bring my laptop. 내 차에 있어.
A You should hurry. The conference will start soon.	A 서둘러. 회의가 곧 시작된다고.

정답 Step 1 4 I forgot to 5 I forgot to Step 2 4 I'll never forget to 5 I'll never forget to

확인학습

문제를 풀며 오늘 배운 표현을 완벽히 내 것으로 만드세요.

A | 영화 속 대화를 완성해 보세요.

RAYA Sisu. You are... Sisu! 시수. 당신이… 시수군요!

SISU And you're... people. What's your name?
그리고 넌… 인간이네. 이름이 뭐니?

RAYA Raya. I'm Raya. 라야. 저는 라야예요.

SISU And you're NOT ❶ __________ of stone, ❷ __________ means... 넌 돌이 아니네, 그 말은…

SISU/RAYA It worked! 됐어!

SISU We did it! Ya ❸ __________ that, Pengu? It worked! I didn't ❹ __________! Is that food? I was so ❺ __________ on saving the world, I ❻ __________ have breakfast today. 우리가 해냈다고! 들었어, 펭구? 됐어! 내가 망치지 않았어! 그거 먹을 거니? 세상을 구하는데 너무 집중하느라 오늘 아침 먹는 걸 깜빡했지 뭐야.

RAYA Today? When ❼ __________ do you think "today" is?
오늘이요? '오늘'이 정확하게 언제라고 생각하세요?

SISU Tuesday. Ugh! I mean... Mmm. What is this delightful ❽ __________?
화요일. 으! 내 말은… 음. 이렇게 맛있는 음식은 뭐지?

RAYA It's jackfruit jerky. I ❾ __________ it myself.
잭푸르트 말랭이에요. 제가 직접 말린 거죠.

SISU Well, ❿ __________ the chef. Wanna finish this, skippy? 음, 요리 솜씨가 훌륭하네. 이거 마저 먹을래, 깡총아?

B | 다음 빈칸을 채워 문장을 완성해 보세요.

1 초대장 보는 걸 깜박했어요.
__________ send the invitations.

2 백업 파일을 깜빡하고 안 만들었어요.
__________ make a backup file.

3 문을 잠그는 걸 깜빡했어요.
__________ lock the door.

4 "사랑한다"고 말하는 건 잊지 않을게요.
__________ say, "I love you."

5 항상 긍정적으로 생각하는 거 잊지 않겠어요.
__________ think positively at all times.

정답 A

❶ made
❷ which
❸ hear
❹ mess it up
❺ focused
❻ forgot to
❼ exactly
❽ culinary treat
❾ dried
❿ compliments to

정답 B

1 I forgot to
2 I forgot to
3 I forgot to
4 I'll never forget to
5 I'll never forget to

Day 09

We've Got to Find the Broken Gem Pieces

우리는 깨진 젬 조각들을 찾아야 해요

드래곤 젬이 깨졌다는 말을 듣고 시수는 당혹감을[frustration] 감출 수 없어요. 드래곤 젬을 다시 하나 만들어 줄 수 없냐는 라야의 요청에[request] 금방 뚝딱 만들 수는 없다고 합니다. 시수는 젬을 만든 건 자기가 아니고 그저 전달[turn in]만 했을 뿐이라고 말해요. 그런데 시수가 우연히 젬 조각을[shard] 건드리자 시수의 몸에서 빛이 나기[glow] 시작해요. 이는 시수와 젬이 아직도 연결되어[connected] 있는 것을 의미하죠. 라야와 시수가 남아 있는 젬 조각을 다시 결합하면[reassemble] 드룬을 물리치고[blast away] 아빠뿐만 아니라 다른 사람들을 되돌릴 수[bring back] 있는 거예요!

Warm Up! 오늘 배울 표현

오늘 등장하는 표현들입니다. 어떤 표현이 들어가야 할지 생각해 보세요.

* But... ________ like a group project. 하지만… 너 조별 과제 같은 거 해 본 적 있지.
* But there's like that one kid who didn't ________ as much but still ended up with the same grade? 그런데 남들만큼 열심히 하지 않았는데 점수는 똑같이 받는 그런 애들 있잖아?
* ________ actually made the gem. 실제로 젬을 만든 건 내가 아니야.
* ________ really ________! 난 수영을 정말 잘해!

바로 이 장면!

오디오 파일을 듣고 3번 따라 말해보세요. 09-1.mp3

RAYA 라야
But you saved the world.
하지만 당신이 세상을 구했잖아요.

SISU 시수
I did do that. That's true. But... **have you ever done** like a group project,[1] but there's like that one kid who didn't **pitch in** as much but still ended up with the same grade?[2] Yeah... **I wasn't the one who** actually made the gem,[3] I just... turned it in.
물론 그랬지. 사실이야. 하지만… 너 조별 과제 같은 거 해 본 적 있지. 그런데 남들만큼 열심히 하지 않았는데 점수는 똑같이 받는 그런 애들 있잖아? 그래… 실제로 젬을 만든 건 내가 아니야. 난 그냥… 전달만 했을 뿐이지.

RAYA 라야
Whoa, you're glowing.
와, 당신에게서 빛이 나요.

SISU 시수
Oh, thank you, I use aloe and river slime to maintain my—
오, 고마워. 알로에와 강에 있는 점액 같은 거로 관리를 좀—

RAYA 라야
No, no— look.
아니, 아니요— 보세요.

SISU 시수
This was my little sister Amba's magic. I got the glow!
이건 내 여동생 암바의 마법이야. 내가 빛이 나네!

RAYA 라야
Your little sister's magic?
여동생의 마법이라고요?

SISU 시수
Yeah, every dragon has an unique magic.
그래, 드래곤은 자기만의 마법이 있어.

RAYA 라야
Okay, what's yours?
알았어요. 그럼 당신의 마법은 뭐예요?

SISU 시수
I'm a really **strong swimmer**![4]
난 수영을 정말 잘해!

장면 파헤치기

구문 설명과 예문으로 이 장면의 핵심 표현을 완벽히 이해하세요.

❶ But... have you ever done like a group project. 하지만… 너 조별 과제 같은 거 해 본 적 있지.

상대방에게 경험을 물어볼 때는 Have you ever ~?라는 표현을 써 주세요. 이 질문에 대한 대답으로 '그렇다'고 할 때는 Yes, I have.를 '그런 적이 없다'고 할 때는 No, I haven't.라고 합니다. ever는 경험을 강조하는 말이기 때문에 생략해도 돼요.

* **Have you ever met** someone very famous? 유명한 사람을 만난 적이 있어요?
* **Have you ever tried** goat yoga? 염소 요가를 해 본 적이 있어요?

❷ But there's like that one kid who didn't pitch in as much but still ended up with the same grade? 그런데 남들만큼 열심히 하지 않았는데 점수는 똑같이 받는 그런 애들 있잖아?

pitch in은 '협력하다', '~에 기여하다'라는 뜻이에요. 학교에서 팀 프로젝트할 때처럼 사람들과 협력해서 어떤 일을 진행한다는 의미가 있죠. 팀 프로젝트에서 열심히 하지 않고 좋은 결과만 얻으려는 사람들은 free rider라고 한답니다. 공짜로 타려는 사람들이니 딱 어울리는 표현이 아닐 수 없네요.

* All of us should **pitch in** to finish the project on time. 프로젝트를 제때 끝내려면 우리 모두 협력해야 해요.
* I want you to **pitch in** as much as we do. 난 네가 우리만큼 협력했으면 좋겠어.

❸ I wasn't the one who actually made the gem. 실제로 젬을 만든 건 내가 아니야.

I wasn't the one who ~는 '~한 건 내가 아니었어'라는 뜻으로 어떤 행동을 한 사람이 자신이 아니라고 부인할 때 쓰는 표현이에요. 이때 사용된 the one은 '하나'라는 뜻이 아니라 '사람', '존재'의 뜻이랍니다. 반대로 '~했던 건 나였어'라고 당당하게 말할 때는 I was the one who ~라고 해요. 뒤에서 더 자세히 연습할게요. ★영화 속 패턴 익히기

❹ I'm a really strong swimmer! 난 수영을 정말 잘해!

무언가를 잘한다고 할 때는 I'm good at ~이란 표현을 쓸 수도 있지만, 이 대사처럼 I'm a good/great -er이란 표현을 쓸 수 있어요. I'm a good teacher. (난 잘 가르쳐요.), I'm a good soccer player. (난 축구를 잘해요.)와 같이 자신이 잘하는 것을 간단하게 표현해 보세요.

* Give me a chance. **I'm a fast learner**. 기회를 주세요. 전 뭐든지 빨리 배워요.
* **I'm a good singer**. Everyone loves my singing. 난 노래를 잘해요. 나의 노래를 모두 좋아하죠.

영화 속 패턴 익히기

오늘 배운 장면에서 뽑은 핵심 패턴으로 다양한 표현을 만들어 보세요.

09-2.mp3

I wasn't the one who ~

~ 했던 건 내가 아니었어.

Step 1 기본 패턴 연습하기

1 **I wasn't the one who** told you to quit the team. 팀을 관두라고 한 건 내가 아니었어.

2 **I wasn't the one who** ordered it online. 그걸 인터넷 주문한 건 내가 아니었어요.

3 **I wasn't the one who** was at the party. 그 파티에 있었던 건 내가 아니었어요.

4 ______________ wrote this article. 이 기사를 쓴 건 내가 아니었어요.

5 ______________ created the mind-blowing robot. 그 획기적인 로봇을 만든 건 제가 아니었어요.

Step 2 패턴 응용하기 I was the one who ~

1 **I was the one who** used the school computer. 학교 컴퓨터를 쓴 건 바로 저였어요.

2 **I was the one who** should have received the award. 상을 받아야 했던 사람은 바로 나였어요.

3 **I was the one who** told her our secret. 우리 비밀을 그녀에게 말한 건 나였어요.

4 ______________ proposed the idea in the meeting! 회의에서 그 아이디어를 제안한 건 나였어요!

5 ______________ left the safe unlocked. 금고를 열어 둔 건 바로 나였어요.

Step 3 실생활에 적용하기

A Now all the horses are gone. It's unbelievable.

B Why are you looking at me that way? 문을 열어둔 건 내가 아니었어요.

A If it wasn't you, who did?

A 말들이 다 사라졌어. 믿을 수가 없군.

B 왜 날 그렇게 보시죠? I wasn't the one who left the gate open.

A 네가 아니면 누가 그랬다는 거야?

정답 Step 1 4 I wasn't the one who 5 I wasn't the one who Step 2 4 I was the one who 5 I was the one who

확인학습

문제를 풀며 오늘 배운 표현을 완벽히 내 것으로 만드세요.

A | 영화 속 대화를 완성해 보세요.

RAYA But you ❶ ________ the world. 하지만 당신이 세상을 구했잖아요.

SISU I did do that. That's true. But... ❷ ________ done like a group project, but there's like that one kid who didn't ❸ ________ as much but still ❹ ________ with the same grade? Yeah... I wasn't ❺ ________ actually made the gem, I just... ❻ ________. 물론 그랬지. 사실이야. 하지만⋯ 너 조별 과제 같은 거 해 본 적 있지. 그런데 남들만큼 열심히 하지 않았는데 점수는 똑같이 받는 그런 애들 있잖아? 그래⋯ 실제로 젬을 만든 건 내가 아니야. 난 그냥⋯ 전달만 했을 뿐이지.

RAYA Whoa, you're ❼ ________. 와, 당신에게서 빛이 나요.

SISU Oh, thank you, I use aloe and river slime to maintain my— 오, 고마워. 알로에와 강에 있는 점액 같은 거로 관리를 좀—

RAYA No, no— look. 아니, 아니요— 보세요.

SISU This was my little sister Amba's magic. I got the ❽ ________! 이건 내 여동생 암바의 마법이야. 내가 빛이 나네!

RAYA Your little sister's magic? 여동생의 마법이라고요?

SISU Yeah, every dragon has an ❾ ________ magic. 그래. 드래곤은 자기만의 마법이 있어.

RAYA Okay, what's yours? 알았어요. 그럼 당신의 마법은 뭐예요?

SISU I'm a really strong ❿ ________! 난 수영을 정말 잘해!

B | 다음 빈칸을 채워 문장을 완성해 보세요.

1 그 파티에 있었던 건 내가 아니었어요.
________ was at the party.

2 이 기사를 쓴 건 내가 아니었어요.
________ wrote this article.

3 상을 받아야 했던 사람은 바로 나였어요.
________ should have received the award.

4 우리 비밀을 그녀에게 말한 건 나였어요.
________ told her our secret.

5 금고를 열어 둔 건 바로 나였어요.
________ left the safe unlocked.

정답 A

❶ saved
❷ have you ever
❸ pitch in
❹ ended up
❺ the one who
❻ turned it in
❼ glowing
❽ glow
❾ unique
❿ swimmer

정답 B

1 I wasn't the one who
2 I wasn't the one who
3 I was the one who
4 I was the one who
5 I was the one who

Day 10

The Tail Chief's Gem

꼬리 족장의 젬

젬 조각을 찾아 모으는 여정을[quest] 함께 떠나기로 한 라야와 시수. 가장 먼저 라야는 시수에게 자신의 옷을 입히고 위장을 해요[disguise]. 탐욕스러운 사람들의 관심을[attention] 피하려고 하는 거죠. 그들이 처음으로 도착한 곳은 꼬리의 땅 유적지[ruins]예요. 덫이 놓인[boobytraped] 입구를 거쳐 뿡 폭탄 딱정벌레[beetle] 통로를 지나 이들은 드래곤 젬을 지키고 있는 꼬리 족장을 마주합니다. 그녀는 해골[skelecton]이 된 모습으로 젬 조각을 손에 들고 있었는데, 젬을 지키려다 결국 자기 함정에[own trap] 희생된 거죠. 라야는 영화 '인디아나 존스'의 주인공처럼 기지를 발휘해 덫을 작동시키지[trigger] 않고 드래곤 젬을 빼내는 데 성공해요. 후유, 아슬아슬했어, 라야.

Warm Up! 오늘 배울 표현

오늘 등장하는 표현들입니다. 어떤 표현이 들어가야 할지 생각해 보세요.

* So ______________ the Tail Chief's here? 근데 꼬리의 땅 족장이 왜 여기에 있다고 생각하는 거야?
* ______________. 이건 말이 안 되는 거야.
* Just not ______________ seeing dragons. 그냥 드래곤을 보는 게 익숙하지 않아서요.
* ______________ my backstroke. 내 배영 실력을 봐야 되는데.

바로 이 장면!

오디오 파일을 듣고 3번 따라 말해보세요.

10-1.mp3

SISU
시수

Oh, you definitely chose the right hat for that. So **what makes you think** the Tail Chief's here?[1]
오, 그럴 목적이라면 모자 하나는 잘 골랐네. 근데 꼬리의 땅 족장이 왜 여기에 있다고 생각하는 거야?

RAYA
라야

Because this place didn't just boobytrap itself.
왜냐면 이곳에 함정이 저절로 생겨난 건 아닐 테니까요.

SISU
시수

This doesn't make sense.[2] None of this would stop a druun.
이건 말이 안 되는 거야. 이렇게 한다고 드룬을 막을 수는 없어.

RAYA
라야

It's not to stop druun. It's to stop people.
드룬을 막으려는 게 아니에요. 사람들을 막으려는 거죠.

SISU
시수

Hmm...
흠…

SISU
시수

What? Why are you looking at me like that?
뭐? 왜 날 그렇게 보는 거지?

RAYA
라야

Uh... nothing. Just not **used to** seeing dragons.[3]
어… 아무것도 아니에요. 그냥 드래곤을 보는 게 익숙하지 않아서요.

SISU
시수

Impressed, huh? **Wait till you see** my backstroke.[4] I'm wicked when I hit that liquid. I got water-skills that kill. I slaughter when I hit the water. I'm like... really good at swimming. Through rhyme. I was trying to make... that I was a really good swimmer... I'm a good swimmer... Is basically what I'm saying...
감동적이지? 내 배영 실력을 봐야 되는데. 물에 들어가면 난 완전 죽인다니까. 죽여주는 수중 기술을 보유하고 있지. 물에 뛰어드는 순간 다 죽음이야. 난… 정말 수영을 잘해. 라임을 맞춰야 하는데… 내가 수영을 정말 잘해… 선수급이지… 내가 하려는 말은…

장면 파헤치기 구문 설명과 예문으로 이 장면의 핵심 표현을 완벽히 이해하세요.

❶ So what makes you think the Tail Chief's here? 근데 꼬리의 땅 족장이 왜 여기에 있다고 생각하는 거야?

What makes you think ~?를 단어 그대로 해석하면 '무엇이 널 생각하게 만드니?'가 되잖아요? 이 말은 '왜 ~라고 생각하는 거니?'라는 뜻으로 상대방이 그런 생각을 하게 된 이유를 물어보는 표현이에요. Why do you think ~?가 너무 평범하다면 What makes you think ~?를 써 보는 것도 좋아요.

* **What makes you think** you're so special? 왜 네가 특별하다고 생각하는 거니?
* **What makes you think** it's gonna be different this time? 왜 이번은 다를 거라고 생각하는 거죠?

❷ This doesn't make sense. 이건 말이 안 되는 거야.

지금 벌어지고 있는 일이나 상대가 하는 말이 나의 상식을 넘어서 도저히 이해가 안된다고 할 때 쓰는 표현이에요. '말이 안 되잖아', '이해가 안돼'라고 해석할 수 있는데 '정말 이해가 안돼'라고 강하게 말하고 싶으면 This doesn't make any sense.라고 하세요. 이때는 any sense를 살짝 강하게 발음하며 감정을 실어 주는 게 좋아요.

* A: You cancelled the reservation a month ago. 한 달 전에 예약을 취소하셨네요.
  B: What? **This doesn't make any sense.** I never cancelled it.
  뭐라고요? 정말 말이 안 돼요. 전 취소한 적이 없어요.

❸ Just not used to seeing dragons. 그냥 드래곤을 보는 게 익숙하지 않아서요.

여러 번 경험해서 무언가에 익숙하다고 할 때는 I'm used to ~ 패턴을 활용하세요. to 뒤에 어떤 것에 익숙한지 쓰면 되는데 주의할 점은 동사를 쓸 때 반드시 ~ing 형태를 써야 해요. I'm used to와 모양이 비슷하지만, 의미는 많이 다른 I used to도 꼭 알아 두세요. I used to는 '~했었어'라는 뜻으로 과거의 경험을 말할 때 쓰는 말이에요. 이때 to 뒤에는 동사의 기본형을 써야 해요.

★ 영화 속 패턴 익히기

❹ Wait till you see my backstroke. 내 배영 실력을 봐야 되는데.

물론 '~할 때까지 기다려'라고 명령하는 의미로 쓸 수도 있지만 이 대사에 나온 Wait until you see ~은 그런 뜻이 아니에요. Wait until you see ~는 상대방에게 놀랍고 흥미로운 것을 보여주려고 할 때나 무언가를 자랑하려고 할 때 쓰는 표현이거든요. '네가 ~를 봐야 하는데', 혹은 '~ 한번 보라고!'라고 해석하는 게 좋아요.

* Just **wait until you see** my collection. 내가 수집한 걸 네가 봐야 하는데.
* **Wait until you see** how enormous the Easter Bunny is. 부활절 토끼가 얼마나 큰지 한번 보라고.

영화 속 패턴 익히기

오늘 배운 장면에서 뽑은 핵심 패턴으로 다양한 표현을 만들어 보세요.

10-2.mp3

I'm used to ~

~ 하는 데 익숙해.

Step 1 기본 패턴 연습하기

1 **I'm used to** doing it. 그런 일을 하는 데 익숙해요.

2 **I'm getting used to** driving an hour to work. 한 시간을 운전해서 출근하는 데 익숙해지고 있어요.

3 **I'm not used to** reading subtitles. 자막을 읽는 건 익숙하지 않아요.

4 ____________ dancing in my bare feet. 맨발로 춤추는 건 익숙한 일이에요.

5 ____________ dealing with angry customers. 불만이 많은 고객을 응대하는 건 익숙해요.

Step 2 패턴 응용하기 I used to ~

1 **I used to** serve my country. I was in the military for 20 years.
국가를 위해 일을 했죠. 군대에 20년 있었어요.

2 **I used to** run around like a racehorse. 경주마처럼 이리저리 달렸죠.

3 **I used to** be overweight, but I lost 40 lbs in 6 months. 비만이었는데, 6개월 만에 40파운드를 뺐어요.

4 ____________ work with Monica years ago. 몇 년 전 모니카와 함께 일을 했어요.

5 ____________ have negative thoughts about travelling alone.
혼자 여행하는 것에 대해 부정적인 생각을 하고 있었어요.

Step 3 실생활에 적용하기

A Wow. You're so good with kids.

B I have 5 children. 애들을 돌보는 일에 아주 익숙하죠.

A 5 kids? I can't even take care of one.

A 와. 애들을 잘 보시네요.

B 난 애가 다섯 명이에요. I'm so used to dealing with little ones.

A 다섯이요? 전 하나 돌보는 것도 잘 못하는데.

정답 Step 1 4 I'm used to 5 I'm used to Step 2 4 I used to 5 I used to

확인학습

문제를 풀며 오늘 배운 표현을 완벽히 내 것으로 만드세요.

A | 영화 속 대화를 완성해 보세요.

SISU Oh, you ❶ __________ chose the right hat for that. So ❷ __________ think the Tail Chief's here?
오, 그럴 목적이라면 모자 하나는 잘 골랐네. 근데 꼬리의 땅 족장이 왜 여기에 있다고 생각하는 거야?

RAYA Because this place didn't just ❸ __________ itself.
왜냐면 이곳에 함정이 저절로 생겨난 건 아닐 테니까요.

SISU This doesn't ❹ __________. None of this would stop a druun. 이건 말이 안 되는 거야. 이렇게 한다고 드룬을 막을 수는 없어.

RAYA It's not to stop druun. It's to stop people.
드룬을 막으려는 게 아니에요. 사람들을 막으려는 거죠.

SISU Hmm... 흠…

SISU What? Why are you looking at me ❺ __________?
뭐? 왜 날 그렇게 보는 거지?

RAYA Uh... nothing. Just not ❻ __________ seeing dragons.
어… 아무것도 아니에요. 그냥 드래곤을 보는 게 익숙하지 않아서요.

SISU ❼ __________, huh? ❽ __________ you see my backstroke. I'm ❾ __________ when I hit that liquid. I got water-skills that kill. I slaughter when I hit the water. I'm like... really ❿ __________ swimming. Through rhyme. I was trying to make... that I was a really good swimmer... I'm a good swimmer... Is basically what I'm saying... 감동적이지? 내 배영 실력을 봐야 되는데. 물에 들어가면 난 완전 죽인다니까. 죽여주는 수중 기술을 보유하고 있지. 물에 뛰어드는 순간 다 죽음이야. 난… 정말 수영을 잘해. 라임을 맞춰야 하는데… 내가 수영을 정말 잘해… 선수급이지… 내가 하려는 말은…

B | 다음 빈칸을 채워 문장을 완성해 보세요.

1 자막을 읽는 건 익숙하지 않아요.
__________ reading subtitles.

2 맨발로 춤추는 건 익숙한 일이에요.
__________ dancing in my bare feet.

3 그런 일을 하는 데 익숙해요.
__________ doing it.

4 경주마처럼 이리저리 달렸죠.
__________ run around like a racehorse.

5 몇 년 전 모니카와 함께 일을 했어요.
__________ work with Monica years ago.

정답 A

❶ definitely
❷ what makes you
❸ boobytrap
❹ make sense
❺ like that
❻ used to
❼ Impressed
❽ Wait till
❾ wicked
❿ good at

정답 B

1 I'm not used to
2 I'm used to
3 I'm used to
4 I used to
5 I used to

Day 11

Run Away from Namaari!

나마리에게서 도망쳐!

젬을 시수의 손에 올리자 갑자기 시수의 형체가 변하면서[shape-change] 사람 모습을 하게 돼요. 사람이 되었으니 나머지 젬 조각을 모으는 것은 매우 쉬운 일[breeze]이라며 기뻐하는 것도 잠시, 이들을 추적하던[chase] 나마리와 그 일행이 입구를[entrance] 가로막고 있어요. 모래 함정을 쏟고 벌레를 건드려 뻥 폭탄이 터지게[explode] 해 라야와 시수는 가까스로 나마리 일행을 피하는 데 성공해요. 하지만 나마리의 고양이[feline] 전사는 순순히 물러나지 않아요. 좁은 협곡에서[canyon] 그들에게 잡히려는 순간 라야는 강가에 정박해 있는[dock] 배 한 척을 발견하고 강물로 뛰어들어 또다시 위기를 모면해요.

Warm Up! 오늘 배울 표현

오늘 등장하는 표현들입니다. 어떤 표현이 들어가야 할지 생각해 보세요.

* And here I was worried you were gonna ________ becoming a cat lady.
  네가 고양이나 키우면서 혼자 살게 될까 봐 걱정했거든.
* Bling ________. 난 반짝이는 걸 좋아하거든.
* Oh, ________ you're chasing me? 오. 그래서 날 쫓아온 거야?
* ________ hair - and your cats'... hair. 머리 스타일 맘에 들어 - 그리고 네 고양이… 털도.

바로 이 장면!

오디오 파일을 듣고 3번 따라 말해보세요. 11-1.mp3

NAMAARI 나마리

What's dripping, dep la? Oh, I see you finally made a new friend. And here I was worried you were gonna **end up** becoming a cat lady.❶ Like me.

잘 지냈어, 친구? 오, 드디어 새 친구를 사귀었네. 네가 고양이나 키우면서 혼자 살게 될까 봐 걱정했거든. 나처럼 말이야.

SISU-HUMAN 시수-인간

Something tells me you're not besties?

너희 둘이 절친은 아닌 것 같네.

NAMAARI 나마리

Stealing dragon gem pieces, are we? Why?

드래곤 젬 조각이나 훔치고 다닌다고? 왜지?

RAYA 라야

What can I say? Bling **is my thing**.❷

글쎄 뭐랄까. 난 반짝이는 걸 좋아하거든.

NAMAARI 나마리

I gotta admit, Raya - until a few months ago I thought you were stone, but then someone stole Fang's dragon scroll –

솔직히 말이야, 라야 – 몇 달 전까지만 해도 난 네가 돌로 변한 줄 알았지. 헌데 누가 송곳니 땅의 드래곤 두루마리를 훔쳐 갔더라고 –

RAYA 라야

Oh, **is that why** you're chasing me?❸ And here I thought it was because you missed me.

오, 그래서 날 쫓아온 거야? 네가 날 보고 싶어서 그런 줄 알았는데.

NAMAARI 나마리

Are you really looking for Sisu? What are you? Twelve?

아직도 시수를 찾고 있어? 나이가 몇 살인데 그래? 12살?

RAYA 라야

I actually was looking for Sisu. Ooh, and guess what? I found her.

물론 시수를 찾고 있었지. 오, 근데 그거 알아? 내가 그녀를 찾았지 뭐야.

RAYA 라야

Say hi, Sisu!

인사해, 시수!

SISU-HUMAN 시수-인간

HI! It's very nice to meet you. And **I love your** hair - and your cats'... hair.❹

안녕! 만나서 반가워. 머리 스타일 맘에 들어 – 그리고 네 고양이… 털도.

장면 파헤치기

구문 설명과 예문으로 이 장면의 핵심 표현을 완벽히 이해하세요.

❶ And here I was worried you were gonna **end up** becoming a cat lady.

네가 고양이나 키우면서 혼자 살게 될까 봐 걱정했거든.

end up은 '결국에는 ~하게 되다'라는 표현이에요. end up 뒤에 어떤 표현을 붙이느냐에 따라 그 의미가 조금씩 달라지는 특징이 있어요. end up 뒤에 '동사 + ~ing'를 붙이면 '결국 어떤 (행동을) 하게 되다'는 뜻이 돼요. end up in ~ 역시 자주 쓰는 표현인데 '결국 (장소)에 오게 되다'라는 뜻이죠. end up with ~는 '결국에는 (사람)과 함께하게 되다' 혹은 '결국 (물건 등)을 획득하게 되다'라는 의미가 있어요.

* I have no idea why I always **end up** missing a sock. 왜 항상 양말 한쪽을 잃어버리게 되는지 모르겠어.
* I'm not gonna **end up** living in a small country town. 절대 작은 촌동네에서 살지 않겠어요.

❷ Bling **is my thing**. 난 반짝이는 걸 좋아하거든.

~ is my thing.은 '난 ~를 좋아해'라는 뜻으로 자신이 좋아하거나 즐기는 것을 말할 때 쓰는 표현이죠. 반대로 '난 ~는 좋아하지 않아'라고 할 때는 ~ isn't my thing.이라고 해 주세요. 패턴 연습에서 다양한 문장을 접해 보도록 할게요.

★ 영화 속 패턴 익히기

❸ Oh, **is that why** you're chasing me? 오, 그래서 날 쫓아온 거야?

Is that why ~?는 '그래서 ~한 거야?'라는 뜻으로 상대방의 행동에 대한 이유를 물어보는 표현이에요. 이 표현을 일반 문장으로 변형한 That's why ~는 '그래서 ~한 거야.'라는 뜻으로 어떤 상황이나 행동 때문에 그럴 수밖에 없다는 의미로 쓰는 표현이에요. 또한, That's why.라며 짧게 끝나는 표현도 알아 두세요. 상대에게 어떤 설명을 하고 '그래서 그런 거야.'라는 뜻으로 하는 말이에요.

* **Is that why** you came here? 그래서 여기에 온 거야?
* **Is that why** you called me tonight? 그래서 밤에 전화한 거니?

❹ **I love your** hair - and your cats'... hair. 머리 스타일 맘에 들어 - 그리고 네 고양이… 털도.

I love your ~는 상대방의 무언가를 칭찬할 때 자주 쓰는 표현이에요. 상대방의 외모부터 옷, 차, 반려동물까지 칭찬할 때 두루두루 쓸 수 있는 말이니까 꼭 익혀 두세요. 상대방과 small talk (특별한 주제 없이 나누는 인사 대화)를 할 때 이 표현을 쓰는 것도 아주 좋아요. 단, 이 말을 할 때는 약간의 오버가 필요합니다.

* I really **love your** shoes. Where did you get them? 신발 정말 마음에 들어요. 어디에서 샀어요?
* **I love your** dress! You look so fancy. 드레스가 너무 멋져요! 당신 너무 예뻐 보여요.

영화 속 패턴 익히기

오늘 배운 장면에서 뽑은 핵심 패턴으로 다양한 표현을 만들어 보세요.

11-2.mp3

~ is my thing. 난 ~를 좋아해.

Step 1 기본 패턴 연습하기

1 Singing **is my thing**. 노래하는 게 좋아요.

2 Skating **is my thing** now. 지금은 스케이트가 좋아요.

3 Fashion **is kind of my thing**. 패션은 제가 좋아하는 거라 할 수 있죠.

4 Studying foreign languages ______________. 외국어 공부는 제가 좋아하는 거예요.

5 Babies ______________. 전 아기들이 좋아요.

Step 2 패턴 응용하기 | ~ isn't my thing.

1 To be honest with you, babysitting **is not my thing**. 솔직히, 아기를 돌보는 건 별로 안 좋아해요.

2 Math **is not my thing**. I'm more into art. 수학은 제가 좋아하는 게 아니에요. 전 미술이 더 좋아요.

3 Soccer **is not my thing**. 난 축구가 별로야.

4 Coffee ______________. 전 커피가 별로예요.

5 Drawing ______________. 전 그림 그리기가 별로예요.

Step 3 실생활에 적용하기

A 내가 진주를 좋아한다는 걸 어떻게 알았어?	A How did you know pearls are my thing?
B I asked your sister.	B 네 동생에게 물어봤어.
A It's so beautiful. I really love them.	A 너무 예쁘다. 정말 마음에 들어.

정답 Step 1 4 is my thing 5 are my thing Step 2 4 is not my thing 5 is not my thing

확인학습

문제를 풀며 오늘 배운 표현을 완벽히 내 것으로 만드세요.

A | 영화 속 대화를 완성해 보세요.

NAMAARI What's dripping, dep la? Oh, I see you finally made a new friend. And here I was ❶ ______________ you were gonna ❷ ______________ becoming a cat lady. ❸ ______________. 잘 지냈어, 친구? 오, 드디어 새 친구를 사귀었네. 네가 고양이나 키우면서 혼자 살게 될까 봐 걱정했거든. 나처럼 말이야.

SISU-HUMAN Something tells me you're not ❹ ______________? 너희 둘이 절친은 아닌 것 같네.

NAMAARI Stealing dragon gem pieces, are we? Why? 드래곤 젬 조각이나 훔치고 다닌다고? 왜지?

RAYA What can I ❺ ______________? Bling is ❻ ______________. 글쎄 뭐랄까. 난 반짝이는 걸 좋아하거든.

NAMAARI I gotta ❼ ______________, Raya - until a few months ago I ❽ ______________ you were stone, but then someone stole Fang's dragon scroll – 솔직히 말이야, 라야 – 몇 달 전까지만 해도 난 네가 돌로 변한 줄 알았지, 헌데 누가 송곳니 땅의 드래곤 두루마리를 훔쳐 갔더라고 –

RAYA Oh, is that ❾ ______________ you're chasing me? And here I thought it was because you missed me. 오, 그래서 날 쫓아온 거야? 네가 날 보고 싶어서 그런 줄 알았는데.

NAMAARI Are you really looking for Sisu? What are you? Twelve? 아직도 시수를 찾고 있어? 나이가 몇 살인데 그래? 12살?

RAYA I actually was looking for Sisu. Ooh, and guess what? I found her. 물론 시수를 찾고 있었지. 오, 근데 그거 알아? 내가 그녀를 찾았지 뭐야.

RAYA Say hi, Sisu! 인사해, 시수!

SISU-HUMAN HI! It's very nice to meet you. And ❿ ______________ hair - and your cats'... hair. 안녕! 만나서 반가워. 머리 스타일 맘에 들어 – 그리고 네 고양이… 털도.

B | 다음 빈칸을 채워 문장을 완성해 보세요.

1 지금은 스케이트가 좋아요.
Skating ______________ now.

2 노래 하는 게 좋아요.
Singing ______________.

3 난 축구가 별로야.
Soccer ______________.

4 전 커피가 별로예요.
Coffee ______________.

5 전 그림 그리기가 별로예요.
Drawing ______________.

정답 A

❶ worried
❷ end up
❸ Like me
❹ besties
❺ say
❻ my thing
❼ admit
❽ thought
❾ why
❿ I love your

정답 B

1 is my thing
2 is my thing
3 is not my thing
4 is not my thing
5 is not my thing

Take Us to Talon, Captain Boun

분 선장, 발톱의 땅으로 우리를 데려다줘요

시수와 라야가 탄[onboard] 배는 꼬마 선장 분의 선상 식당인 슈림포리움이에요. 분은 이들을 새로운 손님쯤으로 알고 멈출 수[quit] 없는 맛의 새우 죽을 제공하려고 하죠. 나마리 일행이 쫓아 오고 있어 마음이 급해진[impatient] 라야는 발톱의 땅에 데려가 달라고 요청하지만[ask], 분 선장은 수상 택시가 아니라고 처음엔 거절하죠[refuse]. 라야가 그에게 옥 덩어리들을[blocks of jade] 꺼내 보이자 그제서야 분은 배를 출발시키는데, 달팽이가[snail] 기어가는 것보다 더 느리게 이동할 뿐이에요. 그때 갑자기 시수가 물에 첨벙 뛰어들어 드래곤의 모습으로 변해[transform] 배를 빠른 속도로 이동시키기 시작해요. 수영을 잘한다는[stronger swimmer] 시수의 말은 허풍이 아니었어요.

Warm Up! 오늘 배울 표현

오늘 등장하는 표현들입니다. 어떤 표현이 들어가야 할지 생각해 보세요.

* ________ hear our daily specials? 오늘의 특별 메뉴 말씀드릴까요?
* ________ go get him! 제가 가서 모셔 오죠!
* And ________ get to Talon. 그리고 우리는 발톱의 땅으로 가야 해.
* Half now, half when we arrive in Talon. ________?
  지금은 반만, 나머지는 발톱의 땅에 도착하면 주지. 어때?

바로 이 장면!

오디오 파일을 듣고 3번 따라 말해보세요.

12-1.mp3

BOUN
분

Welcome to the world famous Shrimp-orium. My name is Boun, I'll be your server today. **Would you like to** hear our daily specials?[1]

세계적으로 유명한 슈림포리움에 오신 것을 환영합니다. 제 이름은 분이에요. 오늘 여러분의 담당 서버죠. 오늘의 특별 메뉴 말씀드릴까요?

SISU-HUMAN
시수-인간

Yes, please!

네, 그럼요!

BOUN
분

We got shrimp. We got congee. We got a shrimp congee that won't quit.

새우가 있고, 죽이 있죠. 새우 죽도 있는데 멈출 수 없는 맛이죠.

RAYA
라야

The captain! Where is the captain?

선장님은? 선장님은 어디에 있지?

BOUN
분

Lemme go get him![2] What's up, my new customers, I'm Captain Boun, the owner, chef, and Chief Financial Officer of the Shrimp-orium. How can I help you?

제가 가서 모셔 오죠! 안녕하십니까, 손님 여러분, 저는 분 선장입니다. 슈림포리움의 주인이자 주방장이면서 최고 재무 관리자이죠. 무엇을 도와 드릴까요?

SISU-HUMAN
시수-인간

Well, I'm Sisu and –

어, 난 시수야 그리고 –

RAYA
라야

And **we need to** get to Talon.[3] NOW.

그리고 우리는 발톱의 땅으로 가야 해. 지금 당장.

BOUN
분

I'm sorry, the Shrimp-orium is not a water-taxi.

죄송하지만, 슈림포리움은 수상 택시가 아니거든요.

BOUN
분

Toi! That's alotta jade!

이런! 이렇게나 옥이 많다니!

RAYA
라야

Half now, half when we arrive in Talon. **Deal?**[4]

지금은 반만, 나머지는 발톱의 땅에 도착하면 주지. 어때?

장면 파헤치기

구문 설명과 예문으로 이 장면의 핵심 표현을 완벽히 이해하세요.

❶ Would you like to hear our daily specials? 오늘의 특별 메뉴 말씀드릴까요?

Would you like to ~? 상대방이 무언가를 할 의향이 있는지 공손하게 물어보는 표현이에요. 흔히 사용하는 Do you want to ~? 보다 더 정중한 표현이죠. '~하시겠어요?'라고 해석해 주세요.

- **Would you like to** go see a movie? 영화 보러 갈래?
- **Would you like to** get some coffee? 커피 드시겠어요?

❷ Lemme go get him! 제가 가서 모셔 오죠!

Lemme는 Let me를 소리 나는 대로 쓴 말이에요. Let me ~는 '제가 ~해 드릴게요', '제가 ~하겠어요'라는 의미로 상대에게 공손하게 제안할 때 쓰는 표현이에요. 또한, 상황에 따라서 '제가 ~하게 해 주세요'라며 애원할 때 쓰기도 한답니다. Let me go, please. (절 보내 주세요.)처럼 말이죠. let me 뒤에는 반드시 동사의 기본형을 써야 해요.

- **Let me** ask you a question. It might be hard for you to answer.
  당신에게 여쭤보고 싶은 게 있어요. 대답하기 힘드실 수도 있어요.
- **Let me** demonstrate how to activate the device. 그 장치를 어떻게 작동시키는지 시연해 드리겠습니다.

❸ And we need to get to Talon. 그리고 우리는 발톱의 땅으로 가야 해.

We need to ~는 '우리는 ~해야 해'라는 뜻으로 상대방에게 어떤 일을 하자고 제안하는 표현이에요. 이 표현과 관련해서 We need you to ~라는 표현도 알아 두셨으면 해요. We need you to ~는 '네가 ~했으면 해'라는 뜻으로 상대방이 자신들을 위해 어떤 행동을 해 줄 것을 바라며 하는 말이에요. We need to ~와 We need you to ~는 행동을 하는 주체가 완전히 다르다는 것을 명심해 두세요.

★영화 속 패턴 익히기

❹ Half now, half when we arrive in Talon. Deal? 지금은 반만, 나머지는 발톱의 땅에 도착하면 주지. 어때?

무언가를 제시한 뒤에 이렇게 Deal?이라고 하면 그 제안을 받아들일 것인지 물어보는 표현이 됩니다. 제안을 받아들이겠다고 대답하고 싶으면 Deal!이라고 하면 돼요. deal이 들어간 또 다른 표현 What's the big deal?도 알아두면 좋겠어요. '왜 그리 호들갑이야?', '뭐가 그리 중요한 거야?'라며 상대방에게 따지듯 물어보는 말이에요.

- From now on, we'll never talk about this again. **Deal?** 이제 이 일에 대해서는 절대 말하지 않는 거야. 알겠니?
- Be nice to her and I'll get you whatever you want. **Deal?** 그녀에게 잘해 주면 네가 원하는 걸 다 사줄게. 어때?

영화 속 패턴 익히기

오늘 배운 장면에서 뽑은 핵심 패턴으로 다양한 표현을 만들어 보세요.

12-2.mp3

We need to ~ 우리는 ~해야 해.

Step 1 기본 패턴 연습하기

1 **We need to** be nice to the new employee. 새 직원에게 잘해 줘야 해.

2 **We need to** be prepared for the hot summer. 더운 여름에 대비해야 해.

3 **We need to** know what people think about our proposal. 우리의 제안에 사람들이 어떻게 생각하는지 알아야 해.

4 ______________ see her sister immediately. 그녀의 동생을 즉시 만나야 해요.

5 ______________ go downstairs now. 지금 아래층으로 내려가야 해요.

Step 2 패턴 응용하기 | We need you to ~

1 **We need you to** leave now. 지금 나가 주셨으면 합니다.

2 **We need you to** take the kids to school. 당신이 애들을 학교로 데려다줬으면 해.

3 **We need you to** write a new speech. 네가 새로운 연설을 작성해야 해.

4 ______________ make the right decision. 당신이 옳은 결정을 했으면 해요.

5 ______________ talk her out of it. 네가 그녀를 설득했으면 해.

Step 3 실생활에 적용하기

A 제시가 여기 오기 전에 모든 걸 준비해야 해.

B I've got everything covered. Surprise parties are my area of expertise.

A Nice. I can't say thank you enough.

A We need to get everything ready before Jessie's here.

B 내가 모든 걸 다 해 놨어. 깜짝 파티는 내 전문 분야라고.

A 좋아. 정말 고마워.

정답 Step 1 4 We need to 5 We need to Step 2 4 We need you to 5 We need you to

확인학습

문제를 풀며 오늘 배운 표현을 완벽히 내 것으로 만드세요.

A | 영화 속 대화를 완성해 보세요.

BOUN ❶ ____________ the world famous Shrimp-orium. My name is Boun, I'll be your server today. ❷ ____________ ____________ hear our daily specials?
세계적으로 유명한 슈림포리움에 오신 것을 환영합니다. 제 이름은 분이에요. 오늘 여러분의 담당 서버죠. 오늘의 특별 메뉴 말씀드릴까요?

SISU-HUMAN Yes, please! 네, 그럼요!

BOUN We got shrimp. We got congee. We got a shrimp congee that won't ❸ ____________.
새우가 있고, 죽이 있죠. 새우 죽도 있는데 멈출 수 없는 맛이죠.

RAYA The captain! Where is the captain? 선장님은? 선장님은 어디에 있지?

BOUN ❹ ____________ go get him! What's up, my new ❺ ____________ ____________, I'm Captain Boun, the ❻ ____________, chef, and Chief Financial Officer of the Shrimp-orium. How can I ❼ ____________?
제가 가서 모셔 오죠! 안녕하십니까, 손님 여러분, 저는 분 선장입니다. 슈림포리움의 주인이자 주방장이면서 최고 재무 관리자이죠. 무엇을 도와 드릴까요?

SISU-HUMAN Well, I'm Sisu and – 어, 난 시수야 그리고 –

RAYA And we ❽ ____________ get to Talon. NOW.
그리고 우리는 발톱의 땅으로 가야 해. 지금 당장.

BOUN I'm sorry, the Shrimp-orium is not a water-taxi.
죄송하지만, 슈림포리움은 수상 택시가 아니거든요.

BOUN Toi! That's alotta jade! 이런! 이렇게나 옥이 많다니!

RAYA Half now, half when we ❾ ____________ in Talon. ❿ ____________? 지금은 반만, 나머지는 발톱의 땅에 도착하면 주지. 어때?

B | 다음 빈칸을 채워 문장을 완성해 보세요.

1 새 직원에게 잘해 줘야 해.
____________ be nice to the new employee.

2 더운 여름에 대비해야 해.
____________ be prepared for the hot summer.

3 지금 아래층으로 내려가야 해요.
____________ go downstairs now.

4 네가 새로운 연설을 작성해야 해.
____________ write a new speech.

5 당신이 애들을 학교로 데려다줬으면 해.
____________ take the kids to school.

정답 A

❶ Welcome to
❷ Would you like to
❸ quit
❹ Lemme
❺ customers
❻ owner
❼ help you
❽ need to
❾ arrive
❿ Deal

정답 B

1 We need to
2 We need to
3 We need to
4 We need you to
5 We need you to

Day 13

Raya Can't Trust Anyone

라야는 아무도 믿을 수 없어

나마리의 추격을pursuit 피한 새우 배는 짙은murky 쿠만드라 강을 따라 유유히 흘러가고 있어요. 시수는 500년 동안 놓치고 있었던miss out 것을 한 번에 보상받으려는 듯 배 옆에서alongside 수영을 즐기네요. 라야는 드래곤의 모습이 다른 사람들에게 들킬까봐 안절부절못해요nervous. 이런 모습을 이해할 수 없는 시수는 라야에게 신뢰의 문제가trust issue 있다며 사람을 믿어야 한다고 타이르죠. 그러면서 라야에게 보란 듯 분 선장의 죽을 단숨에 후루룩 마셔버려요slurp. 죽에 독이 든poisoned 것은 아니지만 입에 불이 날 정도로 매운맛이었어요. 시수, 사람들을 너무 믿지 않는 것도 문제이지만, 무턱대고 매운 음식을 먹는 것도 문제라고요.

Warm Up! 오늘 배울 표현

오늘 등장하는 표현들입니다. 어떤 표현이 들어가야 할지 생각해 보세요.

* ______ "Captain Pop and Lock" over there? 저기 '팝앤락 추는 선장님' 말하는 거야?
* What, ______ he's gonna challenge me to a dance battle?
  왜, 쟤가 나한테 댄스 배틀하자고 할까 봐 겁나니?
* ______ what they'd do over an actual dragon?
  진짜 드래곤을 보고 그들이 어떤 행동을 할지 상상이나 할 수 있겠어요?
* You've really ______ trust ______. 넌 정말 믿음의 문제가 있구나.

바로 이 장면!

오디오 파일을 듣고 3번 따라 말해보세요. 13-1.mp3

RAYA 라야
Please! Get out of there!
제발! 거기서 좀 나와요!

SISU 시수
I'm a water dragon. This is water. It's sorta my thing. You wanna come in?
난 물의 드래곤이야. 여긴 물이잖아. 내 영역 같은 거지. 너도 들어 올래?

RAYA 라야
Someone could see you.
누가 당신을 볼 수도 있잖아요.

SISU 시수
Oh. **Do you mean** "Captain Pop and Lock" over there?[1] What, **are you scared** he's gonna challenge me to a dance battle?[2]
오. 저기 '팝앤락 추는 선장님' 말하는 거야? 왜, 쟤가 나한테 댄스 배틀하자고 할까 봐 겁나니?

RAYA 라야
Sisu, I saw people lose their minds over a dragon gem. **Can you imagine** what they'd do over an actual dragon?[3] Look, we need you to make this all work.
시수, 전 드래곤 젬 때문에 사람들이 미치는 광경을 목격했다고요. 진짜 드래곤을 보고 그들이 어떤 행동을 할지 상상이나 할 수 있겠어요? 이봐요, 이 일을 제대로 해내려면 당신이 필요해요.

RAYA 라야
Until we have all the gems, you have to stay human. Please.
젬을 다 모을 때까지 당신은 사람으로 있어야 해요. 제발요.

SISU 시수
Wow. You've really **got some** trust **issues**.[4]
와. 넌 정말 믿음의 문제가 있구나.

RAYA 라야
Look, my father blindly trusted people and now... he's stone.
이봐요, 우리 아빠는 사람들을 무턱대고 믿었어요. 그래서 지금… 돌이 되었죠.

SISU-HUMAN 시수–인간
Hey. We'll get your ba back. I got you, girl. Come on. Who's your dragon? I mean human. Because I'm gonna be human until - yeah, you get it.
이봐. 우린 너의 바를 되찾을 거야. 네가 도와줄게. 힘내. 내가 달리 드래곤이니? 내 말은 사람이지. 내가 사람의 모습을 하고 있을 거니까, 언제까지 그럴 건가 하면 – 그래, 무슨 말인지 알지?

장면 파헤치기

구문 설명과 예문으로 이 장면의 핵심 표현을 완벽히 이해하세요.

❶ Do you mean "Captain Pop and Lock" over there? 저기 '팝앤락 추는 선장님' 말하는 거야?

상대방과 대화하다 보면 내가 그 사람의 말을 제대로 이해했는지 확인하고 싶을 때가 있죠? Do you mean ~?은 이럴 때 가장 적절한 패턴이에요. 우리말로 '~라는 거예요?'라고 해석하는 게 가장 자연스러운데 Are you saying ~? 역시 비슷한 의미의 표현이에요. Do you mean ~ 바로 뒤에 짧은 단어를 써도 되고 '주어 + 동사'의 문장을 붙여도 됩니다.

* What armchair? **Do you mean** dad's old, rugged armchair in the living room?
  어떤 소파? 거실에 있는 아빠의 낡은 소파 말하는 거야?
* Having dinner with her? **Do you mean** you're asking her out?
  그녀와 저녁을 먹는다고? 네가 그녀에게 데이트 신청하는 거야?

❷ What, are you scared he's gonna challenge me to a dance battle?
왜, 쟤가 나한테 댄스 배틀하자고 할까 봐 겁나니?

〈Are you scared + 주어 + 동사?〉 패턴은 '~할까 봐 두려워요?'라는 뜻으로 상대방에게 구체적으로 어떤 것이 두려운지 물어보는 표현이에요. 〈패턴 익히기〉에서는 scared가 활용된 다양한 표현을 연습해 보려고 해요. I'm scared of ~는 '난 ~가 두려워요'라는 뜻으로 자신이 무서워하는 것을 말할 때 쓰는 표현이에요. 또한, I'm scared to ~ '난 ~하는 게 두려워요'라는 뜻으로 어떤 행동하는 것이 두렵다고 할 때 쓰는 표현이죠.

★영화 속 패턴 익히기

❸ Can you imagine what they'd do over an actual dragon?
진짜 드래곤을 보고 그들이 어떤 행동을 할지 상상이나 할 수 있겠어요?

Can you imagine ~?은 실제로 상상을 해 보라고 제안하는 말이 아니라 '~를 상상이나 할 수 있겠어?', '~를 상상해 보라고!'라는 뜻으로 감탄이나 놀람, 걱정 등의 감정을 보이면서 상대방에게 반문하는 표현이에요.

* **Can you imagine** eating cereal without milk? 우유 없이 시리얼을 먹는 걸 상상이나 할 수 있겠어요?
* Living with 10 cats? **Can you imagine** that? 고양이 열 마리와 함께 산다고? 그걸 상상이나 할 수 있겠니?

❹ You've really got some trust issues. 넌 정말 믿음의 문제가 있구나.

TV 뉴스에 자주 등장하는 issue는 '쟁점, 주제'라는 뜻이지만 이 대사의 issue는 '문제'라는 뜻으로 쓰였어요. have some ~ issues는 '~의 문제가 있다'라는 의미예요. money issue (돈 문제), trust issue (신뢰 문제)처럼 issue 앞에 문젯거리들을 짧은 명사 형태로 붙이면 됩니다.

* I'm telling you, she **has some** anger **issues**. 정말이지, 그녀는 분노 장애가 있어.
* We **have some** family **issues**. I can't tell you now. 우린 가족 문제가 있어요. 지금 말씀드릴 수는 없네요.

영화 속 패턴 익히기

오늘 배운 장면에서 뽑은 핵심 패턴으로 다양한 표현을 만들어 보세요.

13-2.mp3

Are you scared ~? ~할까 봐 두려워요?

Step 1 기본 패턴 연습하기

1 **Are you scared** you're going to have the same nightmare? 똑같은 악몽을 꿀까 봐 두려운 거야?

2 **Are you scared** you might fall? 넘어질까 봐 두려운 거야?

3 **Are you scared** she's leaving you? 그녀가 널 떠날까 봐 두려운 거니?

4 ______________ you're not going to get another chance? 기회가 또 없을까 봐 두려운 거야?

5 ______________ you might fail the test again? 시험에 또 떨어질까 봐 두려운 거니?

Step 2 패턴 응용하기 | I'm scared of ~, I'm scared to ~

1 **I'm scared of** spiders. 난 거미가 무서워.

2 **I'm scared of** snakes. 난 뱀이 무서워.

3 **I'm scared to** go to the dentist. 난 치과에 가는 게 무서워.

4 ______________ anything. 난 무서운 게 없어요.

5 ______________ talk to his lawyer. 난 그의 변호사와 말하는 게 무서워.

Step 3 실생활에 적용하기

A It's your turn.
B Wait! I'm not ready yet.
A What do you mean you're not ready? 뛰는 게 무서워요?

A 당신 차례예요.
B 잠깐만요! 아직 준비가 안 됐어요.
A 준비가 안 됐다는 게 무슨 말이에요? Are you scared to jump?

정답 Step 1 4 Are you scared 5 Are you scared Step 2 4 I'm not scared of 5 I'm scared to

확인학습

문제를 풀며 오늘 배운 표현을 완벽히 내 것으로 만드세요.

A | 영화 속 대화를 완성해 보세요.

RAYA Please! ❶ ________ there! 제발! 거기서 좀 나와요!

SISU I'm a water dragon. This is water. It's sorta my thing. You wanna ❷ ________?
난 물의 드래곤이야. 여긴 물이잖아. 내 영역 같은 거지. 너도 들어 올래?

RAYA Someone could see you. 누가 당신을 볼 수도 있잖아요.

SISU Oh. ❸ ________ "Captain Pop and Lock" over there? What, are you ❹ ________ he's gonna challenge me to a dance battle?
오. 저기 '팝앤락 추는 선장님' 말하는 거야? 왜, 쟤가 나한테 댄스 배틀하자고 할까 봐 겁나니?

RAYA Sisu, I saw people lose their ❺ ________ over a dragon gem. Can you ❻ ________ what they'd do over an actual dragon? Look, we need you to make this all ❼ ________. 시수, 전 드래곤 젬 때문에 사람들이 미치는 광경을 목격했다고요. 진짜 드래곤을 보고 그들이 어떤 행동을 할지 상상이나 할 수 있겠어요? 이봐요, 이 일을 제대로 해내려면 당신이 필요해요.

RAYA Until we have all the gems, you have to ❽ ________ human. Please. 젬을 다 모을 때까지 당신은 사람으로 있어야 해요. 제발요.

SISU Wow. You've really got some trust ❾ ________.
와. 넌 정말 믿음의 문제가 있구나.

RAYA Look, my father blindly ❿ ________ people and now... he's stone.
이봐요, 우리 아빠는 사람들을 무턱대고 믿었어요. 그래서 지금··· 돌이 되었죠.

SISU-HUMAN Hey. We'll get your ba back. I got you, girl. Come on. Who's your dragon? I mean human. Because I'm gonna be human until - yeah, you get it.
이봐. 우린 너의 바를 되찾을 거야. 네가 도와줄게. 힘내. 내가 달리 드래곤이니? 내 말은 사람이지. 내가 사람의 모습을 하고 있을 거니까, 언제까지 그럴 건가 하면 – 그래, 무슨 말인지 알지?

B | 다음 빈칸을 채워 문장을 완성해 보세요.

1 그녀가 널 떠날까 봐 두려운 거니?
________ she's leaving you?

2 기회가 또 없을까 봐 두려운 거야?
________ you're not going to get another chance?

3 난 무서운 게 없어요.
________ anything.

4 난 뱀이 무서워.
________ snakes.

5 난 치과에 가는 게 무서워.
________ go to the dentist.

정답 A

❶ Get out of
❷ come in
❸ Do you mean
❹ scared
❺ minds
❻ imagine
❼ work
❽ stay
❾ issues
❿ trusted

정답 B

1 Are you scared
2 Are you scared
3 I'm not scared of
4 I'm scared of
5 I'm scared to

Day 14

Druun Took Our Family

드룬은 우리 가족을 빼앗아 갔어

쿠만드라 강에도 밤이 찾아왔어요. 낮 동안 조용했던 드룬들은 밤이 되자 기분 나쁘게[ominously] 강가를 휩쓸며 지나고 있어요[sweep through]. 시수와 라야, 분은 드룬에게 가족을 빼앗겼다는 공통점이 있어요. 시수는 드룬이 인간의 부조화로[discord] 생겨난 끈질긴[relentless] 불길과도 같은 존재라고 설명해요. 어느덧 분 선장의 새우 배는 발톱의 땅에 도착합니다. 발톱의 땅은 분주한[bustling] 항구 도시인데 동남아시아 야시장의 모습과 뉴욕의 에너지 넘치는 밤 문화를 느낄 수 있는 곳이에요. 그리고 소매치기와 사기꾼이 활개 치는 곳이기도[hotspot] 하죠. 라야는 시수에게 안전하게 배에 머물러 있으라고 부탁하고, 악명 높은[notorious] 발톱 족장 댕 하이를 찾아 나서요.

Warm Up! 오늘 배울 표현

오늘 등장하는 표현들입니다. 어떤 표현이 들어가야 할지 생각해 보세요.

* ______________. Now we're just gonna have to turn up the charm.
  알겠어. 이제 그럼 매력 발산을 좀 해야겠군.

* ______________ maybe it's safer for you to stay here on the boat.
  당신은 여기 배에 있는 게 더 안전할 것 같아요.

* ______________ put the gem back together. 당신이 없으면 우리는 젬을 결합할 수 없어요.

* I'll be back ______________. 곧 돌아올게요.

바로 이 장면!

오디오 파일을 듣고 3번 따라 말해보세요. 14-1.mp3

SISU-HUMAN 시수-인간
Gotcha.[1] Now we're just gonna have to turn up the charm. Let's go get him a gift!
알겠어. 이제 그럼 매력 발산을 좀 해야겠군. 그에게 줄 선물을 사러 가자고!

RAYA 라야
Sisu, **I think** maybe it's safer for you to stay here on the boat.[2]
시수, 당신은 여기 배에 있는 게 더 안전할 것 같아요.

SISU-HUMAN 시수-인간
What?
뭐라고?

RAYA 라야
Without you we can't put the gem back together.[3]
당신이 없으면 우리는 젬을 결합할 수 없어요.

SISU-HUMAN 시수-인간
But I want to help.
하지만 나도 돕고 싶어.

RAYA 라야
I know, and you will. By staying safe.
알아요. 그러실 거예요. 안전하게 있는 게 도와주는 거예요.

RAYA 라야
I'll be back **before you know it.**[4]
곧 돌아올게요.

장면 파헤치기

구문 설명과 예문으로 이 장면의 핵심 표현을 완벽히 이해하세요.

❶ Gotcha. 알겠어.

Gotcha는 I got you를 줄인 말로 상대방이 한 말을 이해했다고 말할 때 쓰는 표현이에요. Gotcha는 또한, 상대방에게 장난치면서 '속았지?'라는 뜻으로 쓸 수도 있고, 도망가는 상대방을 붙잡고 '잡았다!'라고 소리칠 때도 쓸 수 있어요. I got you.라고 천천히 말하는 것보다 Gotcha!라고 짧고 활기차게 말하는 게 좋아요.

* **Gotcha!** That's a good idea! 알겠어! 좋은 생각이야!
* Yeah, **Gotcha!** Thank you for letting me know. 그래, 알았어! 알려 줘서 고마워.

❷ I think maybe it's safer for you to stay here on the boat. 당신은 여기 배에 있는 게 더 안전할 것 같아요.

I think ~는 자기 생각이나 느낌을 말할 때 쓰는 표현이에요. 당당하게 100% 확신을 하고 말하는 것보다는 '~인 것 같아'라는 의미로 다소 소극적으로 자기 생각을 말하는 거죠. 자신의 느낌을 말할 때 양념처럼 쓸 수 있는 또 다른 표현으로 I'm afraid ~가 있어요. 해석은 I think처럼 '~인 것 같아'라고 할 수 있지만, I'm afraid ~는 부정적인 느낌이나 생각을 말할 때 주로 사용해요.

★영화 속 패턴 익히기

❸ Without you we can't put the gem back together. 당신이 없으면 우리는 젬을 결합할 수 없어요.

라야는 젬을 합치기 위해서 시수가 꼭 필요하다고 말하고 있어요. Without A, we can't ~는 어떤 존재의 중요성을 강조하고 싶을 때 사용하는 패턴이에요. 말 그대로 해석하면 'A가 없으면 우리는 ~를 할 수 없어'가 되잖아요? 이 말을 다르게 생각하면 '~를 하기 위해서는 꼭 A가 있어야 해'라는 의미가 되는 거예요. can't 대신에 don't, never, won't 등 전달하려는 의미에 따라 다양한 부정어를 써도 좋아요.

* **We can't** make it **without your help.** 네 도움이 없으면 우린 그 일을 할 수 없어.
* **We couldn't** have gotten this far **without him.** 그 사람이 없었으면 이만큼 할 수 없었을 거예요.

❹ I'll be back before you know it. 곧 돌아올게요.

before you know it을 직역하면 '당신이 그걸 알기 전에'가 되죠. before you know it은 '곧', '빨리'라는 의미로 상대방이 알아차리기도 전에 어떤 일이 해결될 것이라고 생각하면 뜻을 쉽게 기억할 수 있을 거예요. 이와 비슷한 표현으로 in the blink of an eye도 알아 두세요. 우리말 '눈 깜빡할 사이에'라는 말이 어울리는 표현이에요.

* Don't worry. We'll be there **before you know it.** 걱정 마. 거기에 곧 도착할 테니까.
* The game will be over **before you know it.** 곧 게임이 끝날 거예요.

영화 속 패턴 익히기

오늘 배운 장면에서 뽑은 핵심 패턴으로 다양한 표현을 만들어 보세요.

14-2.mp3

I think ~

~인 것 같아.

Step 1 기본 패턴 연습하기

1 **I think** you should check the tire pressure. 타이어 압력을 체크하셔야 할 것 같아요.

2 **I think** the mall is open now. 쇼핑몰이 지금은 오픈한 것 같은데.

3 **I think** my parents will come to my graduation. 부모님이 제 졸업식에 오실 것 같아요.

4 ____________ she's so happy to have company. 그녀는 동료가 생겨서 정말 행복한 것 같아요.

5 ____________ that's very useful for children. 그게 아이들에게 아주 유익한 것 같아요.

Step 2 패턴 응용하기 | I'm afraid ~

1 **I'm afraid** we can't keep your bike in the store. 가게에 당신 자전거를 보관해 둘 수 없을 것 같군요.

2 **I'm afraid** you should leave now. 지금 나가 주셔야 할 것 같네요.

3 **I'm afraid** we're going to have 5-7 inches of snow tonight. 오늘 밤 5~7인치의 눈이 올 것 같습니다.

4 ____________ the concert might be cancelled due to heavy rain.
폭우 때문에 콘서트가 취소될 것 같군요.

5 ____________ he's not available right now. 지금 그는 바쁜 것 같아요.

Step 3 실생활에 적용하기

A 캐시가 널 정말 좋아하는 것 같아.

B No way. We're just friends.

A Trust my intuition.

A I think Cathy has a huge crush on you.

B 말도 안 돼. 우린 그냥 친구일 뿐이야.

A 내 직감을 믿어 보라고.

정답 Step 1 4 I think 5 I think Step 2 4 I'm afraid 5 I'm afraid

확인학습

문제를 풀며 오늘 배운 표현을 완벽히 내 것으로 만드세요.

A | 영화 속 대화를 완성해 보세요.

SISU-HUMAN ❶ __________. Now we're just gonna have to turn up the ❷ __________. Let's go ❸ __________ him a gift! 알겠어. 이제 그럼 매력 발산을 좀 해야겠군. 그에게 줄 선물을 사러 가자고!

RAYA Sisu, ❹ __________ maybe it's ❺ __________ for you to ❻ __________ here on the boat.
시수, 당신은 여기 배에 있는 게 더 안전할 것 같아요.

SISU-HUMAN What? 뭐라고?

RAYA ❼ __________ we can't put the gem back together.
당신이 없으면 우리는 젬을 결합할 수 없어요.

SISU-HUMAN But I want to ❽ __________. 하지만 나도 돕고 싶어.

RAYA I know, and you will. By staying ❾ __________.
알아요. 그러실 거예요. 안전하게 있는 게 도와주는 거예요.

RAYA I'll be back before ❿ __________.
곧 돌아올게요.

B | 다음 빈칸을 채워 문장을 완성해 보세요.

1 그녀는 동료가 생겨서 정말 행복한 것 같아요.
__________ she's so happy to have company.

2 그게 아이들에게 아주 유익한 것 같아요.
__________ that's very useful for children.

3 부모님이 제 졸업식에 오실 것 같아요.
__________ my parents will come to my graduation.

4 지금 그는 바쁜 것 같아요.
__________ he's not available right now.

5 지금 나가 주셔야 할 것 같네요.
__________ you should leave now.

정답 A

❶ Gotcha
❷ charm
❸ get
❹ I think
❺ safer
❻ stay
❼ Without you
❽ help
❾ safe
❿ you know it

정답 B

1 I think
2 I think
3 I think
4 I'm afraid
5 I'm afraid

Day 15

Watch Out for the Con-Baby

좀도둑 아기를 조심해

라야는 댕 하이의 거처로 가던 중에 아기 우는 소리를[sob] 듣고 발걸음을 멈춥니다. 하지만 아기의 정체는 엉기 세 마리와 함께 다니며 자잘한 물건을 훔치는 좀도둑[con-artist]이었어요. 이제 라야의 젬 조각을 소매치기한[pick-pocket] 이들과 그녀의 쫓고 쫓기는 추격이 시작되었어요. 한편, 배에 남아 있는 시수는 라야를 걱정하며 댕 하이에게 선물을 사 줘야겠다고 결심해요[make a decision]. 돈 한 푼 없는 시수에게 분이 대안을 제시하는데, 바로 외상으로[on credit] 물건을 사는 거죠. 외상의 마수에 걸려버린 시수, 과연 원하는 물건을 마음껏 살 수 있을까요?

Warm Up! 오늘 배울 표현

오늘 등장하는 표현들입니다. 어떤 표현이 들어가야 할지 생각해 보세요.

* Chief Dang Hai does not ________ you can smooth talk.
  댕 하이 족장은 부드럽게 말할 수 있는 사람이 아닌 것 같아.
* ________. I'm going shopping! 그래. 쇼핑하러 가야겠어!
* ________ a promise. 약속 같은 거예요.
* ________! 정말 멋진 개념이군!

바로 이 장면!

오디오 파일을 듣고 3번 따라 말해보세요.

15-1.mp3

SISU-HUMAN
시수-인간

This is giving me bad feels. Chief Dang Hai does not **sound like someone** you can smooth talk.❶ Raya didn't even bring a gift. **That's it.**❷ I'm going shopping!

기분이 안 좋은데. 댕 하이 족장은 부드럽게 말할 수 있는 사람이 아닌 것 같아. 라야는 선물을 가져가지도 않았잖아. 그래. 쇼핑하러 가야겠어!

SISU-HUMAN
시수-인간

Oh wait... I don't have any money.

오 잠깐… 난 돈이 한 푼도 없는데.

BOUN
분

You're an adult. You could just put it on credit.

당신은 어른이잖아요. 외상으로 하면 되죠.

SISU-HUMAN
시수-인간

Ooo, what's credit?

오오, 외상이 뭐야?

BOUN
분

It's kinda like a promise.❸ You take what you want now and you promise you'll pay it back later.

약속 같은 거예요. 지금 원하는 것을 사고 나중에 갚겠다고 약속하는 거죠.

SISU-HUMAN
시수-인간

Pay it back later... **What an amazing concept!**❹ Thanks, Captain Boun!

나중에 갚는다고… 정말 멋진 개념이군! 고마워, 분 선장!

장면 파헤치기

구문 설명과 예문으로 이 장면의 핵심 표현을 완벽히 이해하세요.

❶ Chief Dang Hai does not sound like someone you can smooth talk.

댕 하이 족장은 부드럽게 말할 수 있는 사람이 아닌 것 같아.

이 대사에서 시수는 댕 하이를 만난 적은 없지만, 왠지 어떤 사람일 것 같다는 생각을 말하고 있어요. 이처럼 sound like someone ~은 '~한 사람인 것 같아'라는 뜻으로 별로 경험해 보지 못한 사람에 대해 자신의 느낌을 말하는 표현이에요.

* She doesn't **sound like someone** we can fully trust. 그녀는 우리가 완전히 믿을 수 있는 사람이 아닌 것 같아요.
* He **sounds like someone** we really need. 그는 우리가 정말 필요한 사람 같군요.

❷ That's it. I'm going shopping! 그래. 쇼핑하러 가야겠어!

다양한 상황에서 쓸 수 있는 표현이에요. 이 대사에서 시수는 댕 하이에게 선물을 하는 게 좋겠다고 확신하고 있잖아요? 이럴 때 사용되는 That's it.은 자기 생각에 확신을 한다는 의미예요. '좋아, 그거야.'라는 뜻으로 해석할 수 있죠. 또한, 짜증 나는 상황에서 That's it!이라고 화를 내며 말하면 '(참을 만큼 참았으니) 그만해!'라는 뜻이 돼요. 그리고 상대방의 제안에 '바로 그거지!'라고 격하게 동의할 때도 쓸 수 있어요.

* **That's it.** I'm going to call her. 좋아. 그녀에게 전화를 하겠어.
* **That's it!** That's what I'm talking about! 그래! 내 말이 바로 그거야!

❸ It's kinda like a promise. 약속 같은 거예요.

상대에게 명확하게 설명하는 게 어려워서 '일종의 ~같은 거야'라고 에둘러 말할 때가 있죠. It's kinda like ~은 이런 상황에서 써먹을 수 있는 패턴이에요. It's kinda like ~ 뒤에 간단한 명사를 써도 되고 '주어 + 동사'의 문장을 붙일 수도 있어요. kinda를 빼고 It's like ~라고 쓸 수도 있어요.

* **It's kinda like** surfing on the sand. 모래 위에서 서핑하는 것과 같은 거죠.
* **It's kinda like** vanilla. 바닐라 같은 맛이 나네요.

❹ What an amazing concept! 정말 멋진 개념이군!

〈What a/an + 형용사 + 명사!〉는 어떤 대상에 대한 자신의 느낌을 그대로 표현할 때 쓰는 감탄 패턴이에요. What a guy! (정말 멋진 남자군!), What an idea! (멋진 생각이야!)처럼 형용사를 빼고 〈What a/an + 명사!〉 패턴으로 쓸 수도 있어요. 〈How + 형용사!〉 역시 자주 사용하는 감탄 패턴인데 뒤에서 다양한 예문을 통해서 연습해 볼게요.

★영화 속 패턴 익히기

15-2.mp3

What a/an + 형용사 + 명사! 멋진 ~이군!

Step 1 기본 패턴 연습하기

1 **What a great place!** 가격 착하네요!

2 **What an excellent idea!** 좋은 생각이에요!

3 **What an exciting plan** you have! 정말 흥미로운 계획을 가지고 계시네요!

4 ________ shocking story! 정말 충격적인 이야기예요!

5 ________ brilliant scheme. 정말 좋은 계획이에요.

Step 2 패턴 응용하기 How + 형용사!

1 **How great!** 멋져요!

2 **How awesome!** 훌륭한데!

3 **How smart you are!** 당신 정말 똑똑해요!

4 ________ amazing! 훌륭해!

5 ________ sad... 너무 슬퍼요···

Step 3 실생활에 적용하기

A 드레스 너무 예쁘네! You look so fabulous.

B Thank you.

A Thank YOU for going to the prom with me.

A What a pretty dress! 너 정말 예쁘다.

B 고마워.

A 프롬 파티에 함께 가 줘서 내가 고맙지.

정답 Step 1 4 What a 5 What a Step 2 4 How 5 How

확인학습

문제를 풀며 오늘 배운 표현을 완벽히 내 것으로 만드세요.

A | 영화 속 대화를 완성해 보세요.

SISU-HUMAN This is ❶ ______________ me bad feels. Chief Dang Hai does not ❷ ______________ someone you can smooth talk. Raya didn't even ❸ ______________ a gift. ❹ ______________. I'm ❺ ______________ shopping!
기분이 안 좋은데. 댕 하이 족장은 부드럽게 말할 수 있는 사람이 아닌 것 같아. 라야는 선물을 가져가지도 않았잖아. 그래. 쇼핑하러 가야겠어!

SISU-HUMAN Oh wait... I don't have any money.
오 잠깐… 난 돈이 한 푼도 없는데.

BOUN You're an ❻ ______________. You could just put it ❼ ______________. 당신은 어른이잖아요. 외상으로 하면 되죠.

SISU-HUMAN Ooo, what's credit? 오오, 외상이 뭐야?

BOUN It's ❽ ______________ a promise. You take what you want now and you ❾ ______________ you'll pay it back later. 약속 같은 거예요. 지금 원하는 것을 사고 나중에 갚겠다고 약속하는 거죠.

SISU-HUMAN Pay it back later... What an ❿ ______________! Thanks, Captain Boun!
나중에 갚는다고… 정말 멋진 개념이군! 고마워, 분 선장!

B | 다음 빈칸을 채워 문장을 완성해 보세요.

1 정말 충격적인 이야기예요!
______________ shocking story!

2 정말 좋은 계획이에요.
______________ brilliant scheme.

3 가격 착하네요!
______________ great place!

4 당신 정말 똑똑해요!
______________ you are!

5 훌륭해!
______________ amazing!

정답 A

❶ giving
❷ sound like
❸ bring
❹ That's it
❺ going
❻ adult
❼ on credit
❽ kinda like
❾ promise
❿ amazing concept

정답 B

1 What a
2 What a
3 What a
4 How smart
5 How

Day 16

Sisu Has No Credit

시수는 신용이 없어

분 선장이 말한 대로 시수는 외상으로[on credit] 닥치는 대로 물건을 고르고 있어요. 이에 화가 난 상인들은[merchant] 시수에게 당장 돈을 내 놓으라고[pay up] 윽박지르죠. 이때 다행히 친절한 인상의 할머니가 나타나 사람들에게 둘러싸인[circle around] 시수를 구해 주네요. 한편 좀도둑 아기와 엉기들을 추격하는[in pursuit] 라야는 이들을 코너에 몰아[corner] 넣은 뒤 도둑맞은 젬 조각들을 되찾아요[retrieve]. 아기의 부모도 드룬의 공격으로 돌로 변한 사실을 알고 연민을 느낀 라야는 이들에게 착한 도둑질을[loot] 해 볼 것을 제안해요.

Warm Up! 오늘 배울 표현

오늘 등장하는 표현들입니다. 어떤 표현이 들어가야 할지 생각해 보세요.

* ________ credit here! 당신은 여기에 신용도 없잖아!
* ________ pay up, binturi! 지금 돈을 내는 게 좋아, 빈투리!
* ________ you're stealing from? 누구한테서 물건을 훔치려고 그래?
* ________ she's new in town? 이 마을에 처음 온 사람이라는 거 모르겠어?

바로 이 장면!

오디오 파일을 듣고 3번 따라 말해보세요. 16-1.mp3

SISU-HUMAN 시수-인간
Oh right, right. No, this is on credit. Yeah, I'm gonna pay you back later.
오 맞아요, 맞아. 아니, 이거 외상이에요. 네, 나중에 돈 드려구요.

MALE MERCHANT 2 남자 상인 2
Pay us back later? We don't know you!
나중에 주겠다고? 우린 당신을 모르는데!

FEMALE MERCHANT 여자 상인
You have no credit here![1] Pay us right now!
당신은 여기에 신용도 없잖아! 지금 당장 돈을 내!

SISU-HUMAN 시수-인간
Now? I don't have anything, but... if I could find my girl Raya, she has a sword. Dried eats. Two Dragon Gem pieces. No we don't. Whaaat? Who said that?
지금이요? 난 가진 게 없는데, 하지만… 내 친구 라야를 찾으면, 걔가 검도 있고, 말린 음식도 있어요. 드래곤 젬 조각도 두 개나 있죠. 아니 없어요. 뭐라고요? 누가 그런 말을 했대?

MALE MERCHANT 2 남자 상인 2
You better pay up, binturi![2]
지금 돈을 내는 게 좋아, 빈투리!

FEMALE MERCHANT 여자 상인
This isn't a charity!
여기는 자선 사업하는 곳이 아니야!

MALE MERCHANT 2 남자 상인 2
Who do you think you're stealing from?[3]
누구한테서 물건을 훔치려고 그래?

DANG HU 댕 후
Nee, nee! Get away from her! **Can't you see** she's new in town?[4]
니, 니! 그녀에게서 떨어져! 이 마을에 처음 온 사람이라는 거 모르겠어?

DANG HU 댕 후
Come, dear. Don't be afraid. It's okay.
이리 와요, 아가씨. 무서워하지 말고. 괜찮아요.

장면 파헤치기

구문 설명과 예문으로 이 장면의 핵심 표현을 완벽히 이해하세요.

❶ You have no credit here! 당신은 여기에 신용도 없잖아!

〈You have no + 명사〉는 '넌 ~가 없잖아'라는 뜻으로 상대방에게 으름장을 놓을 때나 살짝 시비를 걸며 말할 때 자주 쓰는 표현이에요. 원래는 〈You don't have any + 명사〉로 쓰는 게 문법적으로 정확하지만, 회화체에서는 You have no ~라고 많이 해요. 이 패턴이 활용된 You have no business here.라는 표현도 알아 두세요. '네가 상관할 건 아니야', '네 알 바가 아니지'라는 뜻으로 상대방이 어떤 일에 관여하는 것이 달갑지 않을 때 쓰는 말이에요.

* **You have no** choice. Do what they said. 넌 선택권이 없어. 그들이 말하는 대로 해.
* **You have no** business here. I want you to leave. 당신이 상관할 건 아니죠. 나가 주세요.

❷ You better pay up, binturi! 지금 돈을 내는 게 좋아, 빈투리!

You better ~는 You'd better를 줄여서 쓴 말이에요. '~하는 게 좋아'라는 뜻으로 상대에게 무언가를 조언할 때 주로 쓰는 표현인데 문맥에 따라서는 상대에게 강압적으로 어떤 행동을 지시할 때 쓰기도 해요. '~하지 않는 게 좋아'라고 할 때는 You better not ~이라고 해 주세요.

* **You better** sign up now before the price goes up. 가격이 오르기 전에 지금 신청하는 게 좋아요.
* **We better** go before the storm hits. 폭풍이 오기 전에 가는 게 좋겠어.

❸ Who do you think you're stealing from? 누구한테서 물건을 훔치려고 그래?

〈Who do you think 주어 + 동사?〉는 '~가 누구라고 생각하세요?'라는 뜻으로 상대방의 생각을 물어볼 때 쓰는 패턴이에요. 이 대사처럼 상황에 따라서는 못마땅한 태도로 상대방에게 따지는 말로 쓰기도 해요. who뿐만 아니라 where, when, what 등의 의문사가 들어간 의문문에도 do you think를 첨가한 패턴을 활용할 수 있어요. 〈패턴 익히기〉에서는 Where do you think ~? (어디에서 ~라고 생각하세요?), What do you think ~? (~가 뭐라고 생각하세요?)를 연습해 보도록 할게요.

★영화 속 패턴 익히기

❹ Can't you see she's new in town? 이 마을에 처음 온 사람이라는 거 모르겠어?

Can't you see ~?는 '~하는 거 안 보여요?' 혹은 '~인 거 모르겠어?'라는 뜻으로 상대방에게 살짝 짜증을 내며 하는 말이에요. 진짜로 안 보이는지 물어보는 말이 아니에요.

* **Can't you see** I'm trying to connect to the server? 서버에 연결하려고 하는 거 안 보여요?
* **Can't you see** I'm changing Jackson's diaper? 잭슨의 기저귀를 갈고 있는 거 안 보여요?

 오늘 배운 장면에서 뽑은 핵심 패턴으로 다양한 표현을 만들어 보세요.

16-2.mp3

Who do you think 주어 + 동사? ~가 누구라고 생각하세요?

Step 1 기본 패턴 연습하기

1 **Who do you think** you're talking to now? 지금 당신이 말하는 사람이 누군지 알아?

2 **Who do you think** I am? 내가 누구라고 생각하는 거예요?

3 **Who do you think** you are? 당신이 도대체 뭔데?

4 ________________ she's going to meet? 그녀가 누구를 만난다고 생각해요?

5 ________________ you're dealing with? 당신이 상대하는 사람이 누군지 알고 있어?

Step 2 패턴 응용하기 | 의문사 + do you think 주어 + 동사?

1 **Where do you think** you're going? 어디에 가는 거예요?

2 **Where do you think** you will be in 10 years? 10년 뒤에는 어디에 있을 거라고 생각하세요?

3 **What do you think** it is? 이게 뭐라고 생각하세요?

4 ________________ we should leave the package? 택배를 어디에 두어야 할 것 같아요?

5 ________________ she's doing? 그녀가 뭘 한다고 생각하세요?

Step 3 실생활에 적용하기

A 이 사진에 있는 사람이 누구라고 생각하니?

B I can't tell. It's too blurry.

A It's your dad when he was 19.

A Who do you think the man is in this photo?

B 잘 모르겠어요. 너무 흐릿해서.

A 19살 때 네 아빠야.

정답 Step 1 4 Who do you think 5 Who do you think Step 2 4 Where do you think 5 What do you think

확인학습

문제를 풀며 오늘 배운 표현을 완벽히 내 것으로 만드세요.

A | 영화 속 대화를 완성해 보세요.

SISU-HUMAN Oh right, right. No, this is ❶ __________. Yeah, I'm gonna pay you back later. 오 맞아요, 맞아. 아니, 이거 외상이에요. 네, 나중에 돈 드리려구요.

MALE MERCHANT 2 Pay us back later? We don't know you! 나중에 주겠다고? 우린 당신을 모르는데!

FEMALE MERCHANT ❷ __________ credit here! Pay us ❸ __________! 당신은 여기에 신용도 없잖아! 지금 당장 돈을 내!

SISU-HUMAN Now? I don't have anything, but... if I could find my girl Raya, she has a ❹ __________. Dried eats. Two Dragon Gem pieces. No we don't. Whaaat? Who said that? 지금이요? 난 가진 게 없는데, 하지만… 내 친구 라야를 찾으면, 걔가 검도 있고, 말린 음식도 있어요. 드래곤 젬 조각도 두 개나 있죠. 아니 없어요. 뭐라고요? 누가 그런 말을 했대?

MALE MERCHANT 2 ❺ __________ pay up, binturi! 지금 돈을 내는 게 좋아, 빈투리!

FEMALE MERCHANT This isn't a ❻ __________! 여기는 자선 사업하는 곳이 아니야!

MALE MERCHANT 2 ❼ __________ you're stealing from? 누구한테서 물건을 훔치려고 그래?

DANG HU Nee, nee! ❽ __________ from her! Can't you ❾ __________ she's new in town? 니, 니! 그녀에게서 떨어져! 이 마을에 처음 온 사람이라는 거 모르겠어?

DANG HU Come, dear. Don't be ❿ __________. It's okay. 이리 와요, 아가씨. 무서워하지 말고, 괜찮아요.

B | 다음 빈칸을 채워 문장을 완성해 보세요.

1 내가 누구라고 생각하는 거예요?
__________ I am?

2 그녀가 누구를 만난다고 생각해요?
__________ she's going to meet?

3 10년 뒤에는 어디에 있을 거라고 생각하세요?
__________ you will be in 10 years?

4 이게 뭐라고 생각하세요?
__________ it is?

5 그녀가 뭘 한다고 생각하세요?
__________ she's doing?

정답 A

❶ on credit
❷ You have no
❸ right now
❹ sword
❺ You better
❻ charity
❼ Who do you think
❽ Get away
❾ see
❿ afraid

정답 B

1 Who do you think
2 Who do you think
3 Where do you think
4 What do you think
5 What do you think

Day 17

Raya Saves Sisu from Trouble

라야가 위험에서 시수를 구하다

깜찍한[adorable] 노이와 옹기들이 사나워 보이는[scary-looking] 경비병들의 환심을 사는 동안 라야는 댕 하이의 집으로 잠입해요[sneak into]. 하지만, 그곳에서 라야를 맞이한 것은 돌로 변한 댕 하이의 석상이에요. 알고 보니 젬 조각은 발톱의 땅 역사상 가장 사악한[vicious] 족장이 가지고 있다고 하네요. 할머니를 따라 발톱의 땅 외곽으로[edge] 가던 시수는 경계심 없이 마냥 순진한 모습입니다. 그런데 뭔가 분위기가 으스스한데, 웬걸! 그 온화해 보이던 할머니가 갑자기 본색을 드러내며 시수에게 다른 젬이 있는 곳을 말하라며 협박해요[threaten]. 드룬이 시수를 향해 달려드는[rush toward] 위기의 순간, 갑자기 라야가 툭툭을 타고 나타나 댕 후의 손에서 젬 조각을 낚아채고[swipe] 시수와 함께 탈출하는데 성공해요.

Warm Up! 오늘 배울 표현

오늘 등장하는 표현들입니다. 어떤 표현이 들어가야 할지 생각해 보세요.

* ______________. 선택해.
* ______________ stay on the boat! 배에 있으라고 했잖아요!
* Hold onto this for me, ______________? 이거 잡고 있어요, 알았죠?
* Okay, ______________! 좋아요, 세 개 획득했고, 이제 두 개 남았어요!

바로 이 장면!

오디오 파일을 듣고 3번 따라 말해보세요. 17-1.mp3

DANG HU I'll have to leave you outside with that... thing. **Take your pick.**[1]
댕 후 저놈들과 함께 널 밖에 내버려 둘 수밖에 없어. 선택해.

SISU-HUMAN But I trusted you.
시수-인간 난 당신을 믿었는데.

DANG HU Big mistake.
댕 후 큰 실수지.

DANG HU You better talk fast. It looks hungry.
댕 후 빨리 말하는 게 좋아. 저놈이 배가 고파 보이거든.

SISU-HUMAN No, no, no.
시수-인간 안 돼, 안 돼, 안 돼요.

SISU-HUMAN RAYA!
시수-인간 라야!

DANG HU Stop her!
댕 후 저 애를 막아!

RAYA Sisu, **I told you** to stay on the boat![2]
라야 시수, 배에 있으라고 했잖아요!

SISU-HUMAN Sorry!
시수-인간 미안!

RAYA Hold onto this for me, **will ya?**[3]
라야 이거 잡고 있어요, 알았죠?

RAYA Fog?!
라야 안개잖아요?!

SISU-HUMAN Yeah, that was my brother Jagan's magic.
시수-인간 응, 우리 오빠 자간의 마법이었어.

RAYA Okay, **three down, two to go!**[4]
라야 좋아요, 세 개 획득했고, 이제 두 개 남았어요!

장면 파헤치기

구문 설명과 예문으로 이 장면의 핵심 표현을 완벽히 이해하세요.

❶ Take your pick. 선택해.

요즘 우리말로도 '픽(pick)한다'는 말을 자주 쓰잖아요? take one's pick은 '선택하다'라는 뜻이에요. 상대방에게 여러 가지를 알려 준 뒤에 '선택해'라고 명령할 때 'Take your pick.'이라고 할 수 있어요. '선택하다'라고 해서 do your pick이라고 하면 콩글리시가 되니까 꼭 take 동사를 써 주세요.

* You can get a 10% discount or a free promotional gift. **Take your pick.**
  10% 할인이나 무료 프로모션 선물을 받을 수 있어요. 선택하세요.
* You can **take your pick of** any item on the shelf. 선반에 있는 어떤 물건이든 선택할 수 있어요.

❷ I told you to stay on the boat! 배에 있으라고 했잖아요!

I told you to ~는 '내가 ~하라고 했잖아'라는 뜻이에요. 상대방에게 어떤 일을 하라고 말을 해 뒀는데 상대가 그 일을 하지 않아서 살짝 따지듯이 쓰는 패턴이죠. 반대로 '~하지 말라고 했잖아'라고 할 때는 I told you not to ~라는 패턴을 활용하세요.

★ 영화 속 패턴 익히기

❸ Hold onto this for me, will ya? 이거 잡고 있어요, 알았죠?

상대에게 무언가를 명령한 뒤에 will you?를 끝에 붙이면 '그래 줄 수 있어?', '알았죠?'라고 요청하는 말이 돼요. 여러분이 한 명령이 너무 뜬금없고 무례한 것 같으면 이렇게 뒤에 will you?를 붙여 수습하는 것도 좋아요. 물론 처음부터 Will you ~?라고 부탁하는 패턴을 사용할 수도 있어요.

* Get your feet off my desk, **will you?** 내 책상에서 발을 치워 줘, 그래 줄래?
* Put away your books and magazines, **will ya?** 책과 잡지들을 정리 좀 해, 알겠니?

❹ Okay, three down, two to go! 좋아요, 세 개 획득했고, 이제 두 개 남았어요!

~ down, ~ to go는 지금까지 한 것과 앞으로 해야 할 것의 개수를 말할 때 쓰는 표현이에요. 슈팅 게임이나 야구 등의 운동 경기에서 자주 쓰는 표현이죠. 여러분은 지금까지 3개의 패턴을 배우고, 1개를 더 배워야 하니까 Three down, one to go.라고 하면 되겠군요.

* **One down, two more to go!** 하나 잡았고, 두 개 남았어!
* **Two down, one to go** to win the championship! 두 명 잡았고, 챔피언이 되기까지 한 명 남았어!

영화 속 패턴 익히기

오늘 배운 장면에서 뽑은 핵심 패턴으로 다양한 표현을 만들어 보세요.

17-2.mp3

I told you to ~ 내가 ~하라고 했잖아.

Step 1 기본 패턴 연습하기

1 **I told you to** wash your hands as soon as you get home. 집에 오자마자 손 씻으라고 했잖아.

2 **I told you to** keep an eye on your little brother. 남동생 잘 보라고 했잖아.

3 **I told you to** put up the curtains. 커튼을 설치하라고 했잖아요.

4 ______________ delete the unused apps. 사용하지 않는 앱을 지우라고 했잖아요.

5 ______________ stay in the car. 차 안에 있으라고 했잖아.

Step 2 패턴 응용하기 | I told you not to ~

1 **I told you not to** use bad words. 나쁜 말을 쓰지 말라고 했잖아.

2 **I told you not to** buy chocolate ice cream. 초콜릿 아이스크림을 사지 말라고 했잖아.

3 **I told you not to** go out tonight. 오늘 밤은 나가지 말라고 했잖아.

4 ______________ hang out with Kyle. 카일과 놀지 말라고 했잖니.

5 ______________ bring your phone to bed. 전화기를 침대에 가져오지 말라고 했잖아.

Step 3 실생활에 적용하기

A What do you think you're doing?
B I was just trying to help you.
A 침대에 있으라고 했잖아요.

A 뭐 하는 거예요?
B 난 널 도와주려고.
A I told you to stay in bed.

정답 Step 1 4 I told you to 5 I told you to Step 2 4 I told you not to 5 I told you not to

확인학습

문제를 풀며 오늘 배운 표현을 완벽히 내 것으로 만드세요.

A | 영화 속 대화를 완성해 보세요.

DANG HU I'll have to ❶ ______________ you outside with that... thing. ❷ ______________.
저놈들과 함께 널 밖에 내버려 둘 수밖에 없어. 선택해.

SISU-HUMAN But I ❸ ______________ you. 난 당신을 믿었는데.

DANG HU Big ❹ ______________. 큰 실수지.

DANG HU ❺ ______________ talk fast. It looks hungry.
빨리 말하는 게 좋아. 저놈이 배가 고파 보이거든.

SISU-HUMAN No, no, no. 안 돼, 안 돼, 안 돼요.

SISU-HUMAN RAYA! 라야!

DANG HU ❻ ______________ her! 저 애를 막아!

RAYA Sisu, ❼ ______________ to stay on the boat!
시수, 배에 있으라고 했잖아요!

SISU-HUMAN Sorry! 미안!

RAYA ❽ ______________ onto this for me, ❾ ______________?
이거 잡고 있어요, 알았죠?

RAYA Fog?! 안개잖아요?!

SISU-HUMAN Yeah, that was my brother Jagan's magic.
응, 우리 오빠 자간의 마법이었어.

RAYA Okay, three down, two ❿ ______________!
좋아요, 세 개 획득했고, 이제 두개 남았어요!

B | 다음 빈칸을 채워 문장을 완성해 보세요.

1 차 안에 있으라고 했잖아.
______________ stay in the car.

2 커튼을 설치하라고 했잖아요.
______________ put up the curtains.

3 사용하지 않는 앱을 지우라고 했잖아요.
______________ delete the unused apps.

4 오늘 밤은 나가지 말라고 했잖아.
______________ go out tonight.

5 카일과 놀지 말라고 했잖니.
______________ hang out with Kyle.

정답 A

❶ leave
❷ Take your pick
❸ trusted
❹ mistake
❺ You better
❻ Stop
❼ I told you
❽ Hold
❾ will ya
❿ to go

정답 B

1 I told you to
2 I told you to
3 I told you to
4 I told you not to
5 I told you not to

Day 18

The Decision for Fang's Future

송곳니 땅의 미래를 위한 결정

발톱의 땅에서 젬 조각을 획득하고 무사히 탈출한 라야와 시수, 분의 배에 도착하니 새로운 손님들이[new customers] 자리 잡고 있네요. 그들은 바로, 발톱의 땅에서 라야와 인연이 있었던 아기와 엉기 삼총사예요. 할머니의 배신에 시수가 씁쓸해하자 라야는 그게 요즘 세상의 모습이라고, 아무도 믿어서는 안 된다고[can't trust] 충고합니다. 한편 송곳니의 땅에서는 공간[room] 부족으로 본토로 영토를 넓히자는[expand] 의견이 나오죠. 비라나 족장은 적절한[proper] 보호 장치 없이는 위험하다고 신중한 입장입니다. 궁으로 돌아온 나마리는 라야를 막고[intercept] 영토를 넓히자는데 의견을 더합니다. 딸의 강한 포부에 마음이 움직인[moved] 비라나는 나마리가 이끌어 갈 왕실 군대를 준비시키게 합니다.

Warm Up! 오늘 배울 표현

오늘 등장하는 표현들입니다. 어떤 표현이 들어가야 할지 생각해 보세요.

* ______________ the new customers! 새로운 손님을 데려와 줘서 고마워요!
* I ______________ promised to buy them all the congee they could eat.
  죽을 먹고 싶은 만큼 다 사주겠다고 약속같은 걸 했거든.
* Well, ______________ them for a while. 음, 당분간은 이들과 함께 있어야겠군요.
* ______________ trust anyone. 아무도 믿어서는 안 돼요.

바로 이 장면!

오디오 파일을 듣고 3번 따라 말해보세요. 18-1.mp3

BOUN 분
Thanks for the new customers! [1]
새로운 손님을 데려와 줘서 고마워요!

RAYA 라야
Yeah, I **sorta** promised to buy them all the congee they could eat. [2]
그래, 죽을 먹고 싶은 만큼 다 사주겠다고 약속같은 걸 했거든.

BOUN 분
Well, **we're stuck with** them for a while. [3] Cause Ongis have nine stomachs.
음, 당분간은 이들과 함께 있어야겠군요. 엉기들은 위가 아홉 개나 있으니까요.

RAYA 라야
Oh, toi.
오, 맙소사.

SISU-HUMAN 시수-인간
I can't believe it. That old lady was really going to hurt me.
믿을 수가 없어. 그 할머니가 정말로 날 해치려고 했다니.

RAYA 라야
Well, I'm sorry, Sisu, that's what the world is now. **You can't** trust anyone. [4]
안타깝지만, 시수, 그게 요즘 세상의 모습이에요. 아무도 믿어서는 안 돼요.

SISU-HUMAN 시수-인간
Does that include babies?
아기들도 그런 거니?

RAYA 라야
Uh, well...
어, 음…

SISU-HUMAN 시수-인간
She's so cute. I mean look at those cheeks!
너무 귀엽잖아. 내 말은 저 뺨 좀 봐!

장면 파헤치기

구문 설명과 예문으로 이 장면의 핵심 표현을 완벽히 이해하세요.

❶ Thanks for the new customers! 새로운 손님을 데려와 줘서 고마워요!

고맙다고 말할 때 Thank you라고 하는 건 다들 아시죠? 구체적으로 어떤 일에 대해서 감사한 것인지 말하고 싶다면 Thank you 뒤에 for를 붙이고 감사한 이유를 영어로 쓰면 됩니다. 〈패턴 익히기〉에서는 Thanks to ~도 함께 연습할 거예요. Thanks to ~는 '~덕택으로', '~때문에'라는 의미예요.

★ 영화 속 패턴 익히기

❷ I sorta promised to buy them all the congee they could eat.
죽을 먹고 싶은 만큼 다 사주겠다고 약속같은 걸 했거든.

sorta는 sort of를 줄여서 쓴 말이에요. sort of는 100% 정확하게 그런 건 아니지만, 그와 비슷한 느낌의 것을 말할 때 쓰는 표현이에요. I promised ~라고 하면 무언가를 해 주기로 약속했다고 확실히 말을 하는 거지만 I sort of promised ~는 '약속같은 걸 했어'라는 뉘앙스로 말하는 거죠. sort of와 더불어 kind of 역시 비슷한 의미로 쓸 수 있는 표현이랍니다.

* I'm **sorta** into your brother. 네 오빠를 좋아하는 것 같아.
* I **sort of** believe him even though you don't. 넌 아니겠지만 난 그 사람을 믿는 편이야.

❸ Well, we're stuck with them for a while. 음, 당분간은 이들과 함께 있어야겠군요.

be stuck은 '붙어 있다', '갇히다'라는 뜻이에요. 'be stuck with 사람'은 '좋든 싫든 간에 어쩔 수 없이 그 사람과 함께 지내다'라는 뉘앙스가 있는 표현이에요. 살짝 부정적인 의미가 있는 표현이니 조심해서 사용하셔야 해요.

* I can't believe **I'm stuck with** these ungrateful people! 이렇게 감사도 모르는 사람들과 함께해야 한다니!
* Whether you like it or not, **we're stuck with** each other. 좋든 싫든 간에 우리는 함께 있어야 해.

❹ You can't trust anyone. 아무도 믿어서는 안 돼요.

You can't ~는 '~해선 안 되죠', '~하지 마세요'라는 의미로 상대방의 행동이 마음에 들지 않아서 지적할 때나 상대에게 어떤 행동을 하지 말라고 간접적으로 명령하는 패턴이에요. 물론 단어 고유의 뜻을 살려서 '넌 ~할 수 없어!'라고 단호하게 말할 때도 쓸 수 있어요.

* **You can't** do that! It's against the law! 그래선 안 되죠! 법에 어긋난다고요!
* **You can't** leave the house after 10 p.m. 밤 10시 이후로는 집 밖을 나갈 수 없어.

 오늘 배운 장면에서 뽑은 핵심 패턴으로 다양한 표현을 만들어 보세요.

18-2.mp3

Thanks for ~ ~ 해 줘서 고마워요.

Step 1 기본 패턴 연습하기

1 **Thanks for** the ride. 태워 줘서 고마워요.

2 **Thanks for** telling me the truth. 진실을 말해 줘서 고마워요.

3 **Thanks for** your advice. 조언 감사합니다.

4 ______________ inviting us. 초대해 주셔서 감사해요.

5 ______________ dinner. 저녁 식사 고마워요.

Step 2 패턴 응용하기 | Thanks to ~

1 **Thanks to** my wonderful wife, I realized my dream. 멋진 아내 덕분에 저의 꿈을 알게 되었습니다.

2 I finished this course **thanks to** you. 당신 덕분에 과정을 수료하게 되었어요.

3 **Thanks to** my mother, I was able to see a bigger world. 어머니 덕분에 저는 더 큰 세상을 볼 수 있었어요.

4 We doubled our profits ______________ all of you. 여러분 덕분에 수익이 두 배가 되었어요.

5 ______________ her, we understand the importance of reading.
그녀 덕분에 책 읽기의 중요성을 이해하게 되었죠.

Step 3 실생활에 적용하기

A We gotta go now.
B Text me as soon as you land in Sydney.
A I will. 모든 일에 대해서 다 고마워.

A 이제 가야겠어.
B 시드니에 도착하자마자 문자해.
A 그럴게. Thanks for everything.

정답 Step 1 4 Thanks for 5 Thanks for Step 2 4 thanks to 5 Thanks to

확인학습

문제를 풀며 오늘 배운 표현을 완벽히 내 것으로 만드세요.

A | 영화 속 대화를 완성해 보세요.

BOUN ❶ __________ the new customers!
새로운 손님을 데려와 줘서 고마워요!

RAYA Yeah, I ❷ __________ promised to buy them all the congee they could eat.
그래, 죽을 먹고 싶은 만큼 다 사주겠다고 약속같은 걸 했거든.

BOUN Well, we're ❸ __________ them ❹ __________. Cause Ongis have nine ❺ __________.
음, 당분간은 이들과 함께 있어야겠군요. 엉기들은 위가 아홉 개나 있으니까요.

RAYA Oh, toi. 오, 맙소사.

SISU-HUMAN I can't ❻ __________. That old lady was really going to ❼ __________ me. 믿을 수가 없어. 그 할머니가 정말로 날 해치려고 했다니.

RAYA Well, I'm sorry, Sisu, that's what the world is now. ❽ __________ trust anyone.
안타깝지만, 시수, 그게 요즘 세상의 모습이에요. 아무도 믿어서는 안 돼요.

SISU-HUMAN Does that ❾ __________ babies?
아기들도 그런 거니?

RAYA Uh, well... 어, 음…

SISU-HUMAN She's so cute. I mean look at those ❿ __________!
너무 귀엽잖아. 내 말은 저 뺨 좀 봐!

B | 다음 빈칸을 채워 문장을 완성해 보세요.

1 진실을 말해 줘서 고마워요.
__________ telling me the truth.

2 조언 감사합니다.
__________ your advice.

3 저녁 식사 고마워요.
__________ dinner.

4 여러분 덕분에 수익이 두 배가 되었어요.
We doubled our profits __________ all of you.

5 그녀 덕분에 책 읽기의 중요성을 이해하게 되었죠.
__________ her, we understand the importance of reading.

정답 A

❶ Thanks for
❷ sorta
❸ stuck with
❹ for a while
❺ stomachs
❻ believe it
❼ hurt
❽ You can't
❾ include
❿ cheeks

정답 B

1 Thanks for
2 Thanks for
3 Thanks for
4 thanks to
5 Thanks to

Day 19

Kumandra Is a Fairy Tale

쿠만드라는 동화일 뿐이야

분의 배에 합류한 아기 노이와 엉기들은 배에 있는 음식들을 마구 먹어대며 사고를 쳐[cause trouble] 분을 힘들게 하네요. 라야는 이들에게 숨바꼭질을[hide and seek] 하자며 분의 숨을 잠시 돌리게 해 줍니다. 시수는 댕 후에게 배신을 당했지만[betrayed] 그럼에도 믿음에 대한 신념은 변함없어요. 이와 반대로 나마리에게 단단히 뒤통수를 맞은[get kicked in the back] 라야는 믿음이 많이 사라진 상태죠. 그리고 쿠만드라는 이제 동화에[fairy tale] 지나지 않는다고 주장해요. 배가 척추의 땅에 도착하자 갑자기 시수가 분의 죽 냄비를 들고 배 밖으로 뛰쳐 나가요[storm]. 갑자기 시수는 왜 이런 행동을 한 걸까요?

Warm Up! 오늘 배울 표현

오늘 등장하는 표현들입니다. 어떤 표현이 들어가야 할지 생각해 보세요.

* ________________ you shouldn't try. 그렇다고 그런 노력을 멈출 수는 없지.
* Because people don't ____________ them. 사람들이 드래곤과 함께 할 자격이 없기 때문이에요.
* ____________ trying. 전 이제 노력하지 않아요.
* ______________________________ bringing my ba back.
  제게 지금 중요한 일은 바를 되찾는 거예요.

바로 이 장면!

오디오 파일을 듣고 3번 따라 말해보세요.

19-1.mp3

RAYA
라야

Literally thousands of people turned to stone would argue otherwise.
진짜 돌로 변한 수천 명의 사람은 다르게 생각할 거예요.

SISU-HUMAN
시수-인간

That doesn't mean you shouldn't try.[1]
그렇다고 그런 노력을 멈출 수는 없지.

RAYA
라야

And I did. And you know what happened? I got kicked in the back by someone who gave me a "gift" - Look around. We're a world of orphans because people couldn't stop fighting over a gem. Wanna know why other dragons didn't come back? Because people don't **deserve** them.[2]
저도 노력했다고요. 그런데 무슨 일이 일어났는지 아세요? 내게 '선물'이란 걸 준 사람에게 뒤통수를 단단히 얻어맞았죠. 주변을 살펴보세요. 사람들이 젬을 차지하겠다고 싸움을 계속하면서 이 세상은 고아들로 넘쳐나게 되었어요. 왜 다른 드래곤들이 돌아오지 않았는지 아세요? 사람들이 드래곤과 함께할 자격이 없기 때문이에요.

SISU-HUMAN
시수-인간

But you can change that.
하지만 네가 그걸 변화시킬 수 있잖아.

RAYA
라야

I am done trying.[3] Kumandra is a fairy tale. **The only thing important to me now is** bringing my ba back.[4]
전 이제 노력하지 않아요. 쿠만드라는 동화 속 이야기일 뿐이에요. 제게 지금 중요한 일은 바를 되찾는 거예요.

장면 파헤치기

구문 설명과 예문으로 이 장면의 핵심 표현을 완벽히 이해하세요.

❶ That doesn't mean you shouldn't try. 그렇다고 그런 노력을 멈출 수는 없지.

That doesn't mean ~은 '그렇다고 ~한 건 아니야'라는 의미로 상대방에게 자기 생각을 좀 더 명확하게 말하고자 할 때 쓰는 표현이에요. 상대방이 나의 말이나 어떤 상황을 제대로 파악하지 못하고 오해한다는 느낌이 들면 이 패턴을 활용해서 그들의 생각을 정리해 주세요.

* **That doesn't mean** you are free to do whatever you like.
  그렇다고 네가 하고 싶은 대로 자유롭게 다 할 수 있다는 건 아니야.
* **That doesn't mean** I'm not happy. I'm very happy with you!
  내가 불행하다는 말이 아니에요. 난 당신과 함께 있어서 정말 행복해요!

❷ Because people don't deserve them. 사람들이 드래곤과 함께 할 자격이 없기 때문이에요.

deserve는 어떤 것을 누리거나 소유할 '자격이 충분히 있다'는 뜻이에요. 이 대사처럼 deserve 뒤에 무엇을 누릴 자격이 되는지 간단한 명사나 대명사 등을 붙이면 됩니다. 만일 '~를 할 자격이 있다'라는 의미로 동사를 쓰고 싶으면 deserve to ~ 패턴을 사용하세요.

* She doesn't **deserve** this award. 그녀는 이 상을 받을 자격이 없어요.
* The police officer **deserves to** be recognized. 그 경찰관은 인정받을 자격이 있어요.

❸ I am done trying. 전 이제 노력하지 않아요.

I am done ~ ing는 '난 더 이상 ~하지 않아요'라는 뜻으로 어떤 일을 하지 않겠다는 의지를 보여주는 표현이에요. 또한, 단순히 어떤 행동을 끝냈다는 의미로 쓸 수도 있죠. 어떤 물건을 다 썼거나 프로젝트 등을 끝냈다고 할 때는 I'm done with ~ 패턴을 쓸 수 있는데 뒤에서 다양한 문장으로 이 패턴들을 연습해 볼게요. ★영화 속 패턴 익히기

❹ The only thing important to me now is bringing my ba back.
제게 지금 중요한 일은 바를 되찾는 거예요.

지금 라야에게는 다른 사람들의 신뢰나 쿠만드라 따위는 중요하지 않아요. 오직 아빠만이 중요할 뿐이죠. 이렇게 나에게 가장 중요한 것을 간절하게 말할 때는 The only thing important to me is ~라는 패턴을 써 보세요. '내게 중요한 유일한 것은 ~야'라고 해석할 수 있는데 The only thing that means the world to me is ~라고 쓸 수도 있어요. '나에게 세상을 의미하는 것'이니까 정말로 중요한 것을 의미하는 말이죠.

* **The only thing that's important to me is** my family. 내게 정말 중요한 건 가족이에요.
* **The only thing that means the world to me is** YOU. 내가 정말로 중요한 건 바로 당신이에요.

영화 속 패턴 익히기

오늘 배운 장면에서 뽑은 핵심 패턴으로 다양한 표현을 만들어 보세요.

19-2.mp3

I'm done ~ing　난 더 이상 ~하지 않아요.

Step 1 기본 패턴 연습하기

1 **I'm done taking** care of you. 당신 뒷바라지는 이제 하지 않아요.

2 **I'm done listening** to his excuses! 더 이상 그 사람의 변명은 듣지 않겠어요!

3 **I'm done moving** from one place to another. 계속 이사를 다니는 건 그만할래요.

4 ______________ sharing the room with my sister. 여동생과 방을 함께 쓰지 않아도 돼요.

5 ______________ doing business with him. 그와 동업은 끝났어요.

Step 2 패턴 응용하기 | I'm done with ~

1 **I'm not done with** that. Don't take the plate. 그거 다 안 먹었어요. 접시 치우지 마세요.

2 **I'm done with** the magazine. You can have it. 그 잡지 다 읽었어요. 가져가셔도 됩니다.

3 Don't you walk away! **I'm not done with** you! 가지 마! 너한테 할 말 아직 있으니까!

4 ____________________ the tree house. We can start a new project.
트리 하우스는 완성했어요. 새 프로젝트를 시작해도 돼요.

5 ____________________ your car yet. Come back an hour later, will you?
아직 당신 차를 다 못 끝냈어요. 한 시간 뒤에 와요. 알았죠?

Step 3 실생활에 적용하기

A When are you going to upload the new video?	A 새 영상은 언제 업로드할 거니?
B 편집을 끝내는 대로 곧 할 거예요.	B As soon as I'm done editing it.
A The clock's ticking.	A 시간이 없어.

정답 Step 1 4 I'm done 5 I'm done Step 2 4 I'm done with 5 I'm not done with

확인학습

문제를 풀며 오늘 배운 표현을 완벽히 내 것으로 만드세요.

A | 영화 속 대화를 완성해 보세요.

RAYA Literally ❶ ______________ people turned to stone would argue ❷ ______________.
진짜 돌로 변한 수천 명의 사람은 다르게 생각할 거예요.

SISU-HUMAN That ❸ ______________ you shouldn't try.
그렇다고 그런 노력을 멈출 수는 없지.

RAYA And I did. And you know what ❹ ______________? I got kicked in the ❺ ______________ by someone who gave me a "gift" - Look around. We're a world of ❻ ______________ because people couldn't stop fighting over a gem. Wanna know why other dragons didn't come back? Because people don't ❼ ______________ them. 저도 노력했다고요. 그런데 무슨 일이 일어났는지 아세요? 내게 '선물'이란 걸 준 사람에게 뒤통수를 단단히 얻어맞았죠. 주변을 살펴보세요. 사람들이 젬을 차지하겠다고 싸움을 계속하면서 이 세상은 고아들로 넘쳐나게 되었어요. 왜 다른 드래곤들이 돌아오지 않았는지 아세요? 사람들이 드래곤과 함께할 자격이 없기 때문이에요.

SISU-HUMAN But you can change that.
하지만 네가 그걸 변화시킬 수 있잖아.

RAYA ❽ ______________ trying. Kumandra is a ❾ ______________. ❿ ______________ important to me now is bringing my ba back.
전 이제 노력하지 않아요. 쿠만드라는 동화 속 이야기일 뿐이에요. 제게 지금 중요한 일은 바를 되찾는 거예요.

B | 다음 빈칸을 채워 문장을 완성해 보세요.

1 더 이상 그 사람의 변명은 듣지 않겠어요!
______________ to his excuses!

2 계속 이사를 다니는 건 그만할래요.
______________ from one place to another.

3 그와 동업은 끝났어요.
______________ doing business with him.

4 그거 다 안 먹었어요. 접시 치우지 마세요.
______________ that. Don't take the plate.

5 그 잡지 다 읽었어요. 가져가셔도 됩니다.
______________ the magazine. You can have it.

정답 A

❶ thousands of
❷ otherwise
❸ doesn't mean
❹ happened
❺ back
❻ orphans
❼ deserve
❽ I am done
❾ fairy tale
❿ The only thing

정답 B

1 I'm done listening
2 I'm done moving
3 I'm done
4 I'm not done with
5 I'm done with

Day 20

The Frightening Spine Warrior

무서운 척추의 땅 전사

시수가 죽 냄비를[pot] 들고 척추의 땅으로 뛰어간 이유는 사람을 믿지 못하는 라야가 틀렸다고 증명하기[prove] 위한 거였어요. 하지만 신뢰를 중요시하는 시수는 매번 그 때문에 함정에 빠지네요. 그간 꼬리, 발톱의 땅에서 당한 일은 금방 잊어버렸나요? 시수의 성급한 행동에 그녀와 라야는 포대 자루에 갇히고 맙니다[burlap sack traps them inside]. 오두막 문이 열리고 들어온 사내(텅)는 척추의 땅 전사[Spine warrior]답게 덩치도 엄청 크고 도끼를 벽에 던지며[slam] 라야와 시수에게 잔뜩 겁을 주네요. 대화를 나누다 보니 뭔가 모르게 그의 외로움도 느껴지고[seems lonely] 허풍을 떨며 위협하는 모습이 어딘가 허술해 보이는데, 그때 마침 분과 노이, 엉기들이 나타나 그 사내를 단숨에 제압합니다[subdue]. 그러나 라야 일행의 위기가 여기서 끝난 것은 아니에요. 숙명의 라이벌 나마리가 밖에서 그녀를 기다리고 있으니까요.

Warm Up! 오늘 배울 표현

오늘 등장하는 표현들입니다. 어떤 표현이 들어가야 할지 생각해 보세요.

* We ______________ gems. 우린 젬에는 전혀 관심이 없어요.
* ______________ what's funny. 뭐가 재미있는 건지 모르겠네.
* It's been ______________ long time since I've last peered into the eyes of a trembling enemy. 두려움에 떠는 적의 눈을 쳐다본 지도 꽤 오래되었군.
* ______________ I've last peered into the eyes of a trembling enemy. 두려움에 떠는 적의 눈을 쳐다본 지도 꽤 오래되었군.

바로 이 장면!

오디오 파일을 듣고 3번 따라 말해보세요.

20-1.mp3

TONG 텅

You two must be dung of brain to think you could steal Spine's dragon gem.
척추의 드래곤 젬을 훔칠 수 있다고 생각하다니 참 멍청한 놈들이구나.

RAYA 라야

Gem? Who said anything about gems? We **have no interest in** gems.[1]
젬이라뇨? 누가 젬에 대해서 뭐라고 하던가요? 우린 젬에는 전혀 관심이 없어요.

RAYA 라야

Okay, yeah. I can see how that makes me look like a liar.
네, 알았어요. 저것 때문에 제가 거짓말쟁이처럼 보일 거예요.

SISU-HUMAN 시수-인간

Actually, I think it was the lying that made you look like a liar.
실은, 네가 거짓말을 하니까 거짓말쟁이처럼 보이는 것 같은데.

SISU-HUMAN 시수-인간

I'm not sure what's funny.[2]
뭐가 재미있는 건지 모르겠네.

TONG 텅

Your fear is like a delectable nectar feeding the tum tum of my soul. It's good. It tastes like... mango.
너희들의 두려움은 내 영혼의 배를 채우는 맛있는 꿀과 같은 거지. 아주 맛있어. 마치··· 망고 맛이 난다고 할까.

SISU-HUMAN 시수-인간

Ooo, I love mango.
오오, 나도 망고가 좋아요.

TONG 텅

OF COURSE YOU LOVE MANGO! Only a tongue-less cretin wouldn't.
물론 망고를 좋아하겠지! 혀가 없는 멍청이들 빼곤 다 좋아해.

SISU-HUMAN 시수-인간

Oh toi.
오, 세상에.

TONG 텅

It's been such a long time since I've last peered into the eyes of a trembling enemy.[3] [4]
두려움에 떠는 적의 눈을 쳐다본 지도 꽤 오래되었군.

장면 파헤치기 구문 설명과 예문으로 이 장면의 핵심 표현을 완벽히 이해하세요.

❶ We **have no interest in** gems. 우린 젬에는 전혀 관심이 없어요.

have no interest in은 '~에 관심이 없다'라는 뜻이에요. 반대로 '~에 관심이 있다'라고 할 때는 have an interest in ~이라고 해 주세요. be interested in ~ 역시 비슷한 의미로 자주 쓰는 표현이에요. 두 표현 모두 in 뒤에 동사를 쓰고 싶으면 ~ing 형태로 고쳐 주어야 한다는 것 명심하세요.

* I **have no interest in** ice hockey. I'm a baseball person. 난 아이스하키에 관심 없어. 난 야구를 좋아해.
* I **have no interest in** being famous. 난 유명해지는데 관심이 없어요.

❷ **I'm not sure** what's funny. 뭐가 재미있는 건지 모르겠네.

I'm not sure ~는 자기 생각에 확신을 갖지 못할 때 쓰는 패턴인데 이 대사처럼 정신없이 어리둥절한 상황에서 쓸 수도 있어요. '~한지 모르겠군', '~하는 확신이 안 서'라고 해석할 수 있어요. 반대로 자기 생각에 확신하고 자신 있게 말할 때는 I'm sure ~라는 패턴을 사용해요.

★ 영화 속 패턴 익히기

❸ It's been **such a** long time since I've last peered into the eyes of a trembling enemy.
두려움에 떠는 적의 눈을 쳐다본 지도 꽤 오래되었군.

such a는 '정말로 ~한'이란 뜻으로 뒤에 나오는 형용사의 의미를 강조해 주는 역할을 해요. 보통 〈such a/an + 형용사 + 명사〉 패턴으로 사용하기 때문에 이를 그대로 암기해 두는 게 좋아요. such a가 들어간 응용 패턴 중에 You're such a ~ 역시 알아 두세요. '넌 정말 ~하구나'라는 의미로 상대를 칭찬할 때 자주 쓰는 표현이에요. 나의 말을 잘 들어 주는 친구에게 You're such a good listener. (넌 말을 참 잘 들어줘.) 라며 감사의 칭찬을 해 보세요.

* She has **such a** pretty smile. 그녀는 정말 아름다운 미소를 가졌어요.
* It's **such a** nice dinner. Thank you for inviting us. 정말 멋진 식사였어요. 초대해 줘서 고마워요.

❹ **It's been such a long time since** I've last peered into the eyes of a trembling enemy.
두려움에 떠는 적의 눈을 쳐다본 지도 꽤 오래되었군.

It's been a long time since ~를 직역하면 '~한 이래로 오랜 시간입니다'가 되네요. 마지막으로 어떤 일을 한 후 시간이 꽤 흘렀다는 의미예요. '~한 지 오래되었네요.'라고 해석할 수 있어요. 이와 비슷하게 It's been ages since ~나 It's been decades since ~라고 해도 오랜 시간이 지났다는 의미를 나타낼 수 있어요.

* **It's been a long time since** I talked to her. 그녀와 대화한 지도 오래되었네요.
* **It's been ages since** we met in Chicago. How have you been?
  시카고에서 만나고 참 오랜 시간이 지났네요. 어떻게 지냈어요?

오늘 배운 장면에서 뽑은 핵심 패턴으로 다양한 표현을 만들어 보세요.

20-2.mp3

I'm not sure ~
~한지 모르겠군.

Step 1 기본 패턴 연습하기

1 **I'm not sure** what he's talking about. 그가 무슨 소리를 하는지 모르겠어요.

2 **I'm not sure** what that means. 그게 무슨 뜻인지 잘 모르겠어요.

3 **I'm not sure** what to do with the money. 그 돈을 어떻게 할지 확신이 안 서.

4 ____________ what we should do. 우리가 어떻게 해야 할지 잘 모르겠어요.

5 ____________ what is right or wrong. 뭐가 맞고 그른지 확신이 안 서네요.

Step 2 패턴 응용하기 | I'm sure ~

1 **I'm sure** they're going to be okay. 그들은 확실히 괜찮을 거예요.

2 **I'm sure** we will be able to reach an agreement soon. 분명 우리는 곧 합의를 할 수 있을 거예요.

3 **I'm pretty sure** he's there waiting for us. 그가 거기서 우리를 기다릴 거라고 확신해요.

4 ____________ we'll see each other again. 우리는 확실히 다시 만날 거예요.

5 ____________ it's worth a shot. 확실히 그럴 가치가 있어요.

Step 3 실생활에 적용하기

A 이 쪽지에 킨 박사님이 의도하신 게 뭔지 잘 모르겠어.

B Why don't you call and ask him?

A It's past 10. He hates phone calls at night.

A I'm not sure what Dr. Keane meant in this memo.

B 전화해서 여쭤보지 그래?

A 10시가 넘었어. 밤에 전화하는 걸 싫어하셔.

정답 Step 1 4 I'm not sure 5 I'm not sure Step 2 4 I'm sure 5 I'm sure

확인학습

문제를 풀며 오늘 배운 표현을 완벽히 내 것으로 만드세요.

A | 영화 속 대화를 완성해 보세요.

TONG You two must be dung of brain to think you could ❶ ____________ Spine's dragon gem.
척추의 드래곤 젬을 훔칠 수 있다고 생각하다니 참 멍청한 놈들이구나.

RAYA Gem? ❷ ____________ anything about gems? We have ❸ ____________ in gems.
젬이라뇨? 누가 젬에 대해서 뭐라고 하던가요? 우린 젬에는 전혀 관심이 없어요.

RAYA Okay, yeah. I can see how that ❹ ____________ look like a liar. 네, 알았어요. 저것 때문에 제가 거짓말쟁이처럼 보일 거예요.

SISU-HUMAN Actually, ❺ ____________ it was the lying that made you look like a liar.
실은, 네가 거짓말을 하니까 거짓말쟁이처럼 보이는 것 같은데.

SISU-HUMAN ❻ ____________ what's funny. 뭐가 재미있는 건지 모르겠네.

TONG Your fear is like a delectable nectar ❼ ____________ the tum tum of my soul. It's good. It ❽ ____________... mango.
너희들의 두려움은 내 영혼의 배를 채우는 맛있는 꿀과 같은 거지. 아주 맛있어. 마치… 망고 맛이 난다고 할까.

SISU-HUMAN Ooo, I love mango. 오오, 나도 망고가 좋아요.

TONG OF COURSE YOU LOVE MANGO! Only a tongue-less cretin wouldn't. 물론 망고를 좋아하겠지! 혀가 없는 멍청이들 빼곤 다 좋아해.

SISU-HUMAN Oh toi. 오, 세상에.

TONG It's been ❾ ____________ since I've last peered into the eyes of a ❿ ____________ enemy.
두려움에 떠는 적의 눈을 쳐다본 지도 꽤 오래되었군.

정답 A

❶ steal
❷ Who said
❸ no interest
❹ makes me
❺ I think
❻ I'm not sure
❼ feeding
❽ tastes like
❾ such a long time
❿ trembling

B | 다음 빈칸을 채워 문장을 완성해 보세요.

1 우리가 어떻게 해야 할지 잘 모르겠어요.
____________ what we should do.

2 뭐가 맞고 그른지 확신이 안 서네요.
____________ what is right or wrong.

3 우리는 확실히 다시 만날 거예요.
____________ we'll see each other again.

4 확실히 그럴 가치가 있어요.
____________ it's worth a shot.

5 그들은 확실히 괜찮을 거예요.
____________ they're going to be okay.

정답 B

1 I'm not sure
2 I'm not sure
3 I'm sure
4 I'm sure
5 I'm sure

Day 21

Namaari Meets the Last Dragon

나마리가 마지막 드래곤을 만나다

라야는 나마리가 원하는 것은 오직 자신뿐이라는 것을 잘 알고 있어요. 또한, 시수를 비롯한 남은 일행이 다치지 않길 바라는 마음도 있죠. 척추의 땅 부족이 드룬에 대항해 용감하게 싸웠지만[battled the druun], 모두 돌로 변하고 홀로 남은 텅의 사연을 들은 라야는 그에게 간절히 협조를 요청[sincerely ask]합니다. 다행히 텅은 고개를 끄덕이고[nod], 라야는 나마리와 그녀의 군대가 있는 쪽으로 홀로 당당하게 걸어 나갑니다. 라야가 나마리와 결투하는 동안 시수와 일행은 무사히 오두막을 빠져나가지만[escape from the cabin], 두 사람의 대결은 갈수록 라야에게 불리한 양상을 보입니다. 라야가 바닥에 쓰러지고 나마리가 최후의 공격을[blow] 하려는 순간 갑자기 짙은 안개가[a blast of fog] 생기더니 시수가 드래곤의 모습으로 나타납니다. 시수와 눈이 정면으로 마주친 나마리는 놀라워하며[in disbelief] 충격을 받은 모습이에요.

Warm Up! 오늘 배울 표현

오늘 등장하는 표현들입니다. 어떤 표현이 들어가야 할지 생각해 보세요.

* I know _____ push Namaari's buttons. 전 어떻게 나마리를 화나게 하는지 알아요.
* _____ you guys are clear, I'm out of there. 당신들이 빠져나가면, 나도 도망갈 거예요.
* So, I am sincerely asking you, _____ help us? 그러니까 정말 간절히 부탁드려요, 도와주실 거죠?
* _____ don't die. 명심해: 절대 죽지 마.

바로 이 장면!

오디오 파일을 듣고 3번 따라 말해보세요. 21-1.mp3

RAYA
라야

Okay, the Fang gang's here for me, not for you. So if I can distract them, you guys can get out of here.
좋아요. 송곳니 패거리들은 당신들이 아니라 날 잡으러 왔어요. 내가 그들의 관심을 돌릴 수 있으면, 여러분들은 여기서 빠져나갈 수 있어요.

SISU-HUMAN
시수-인간

You're gonna fight an entire army?
너 혼자 저 군대와 맞서 싸우겠다는 거야?

RAYA
라야

No, I'm just gonna stall them. Look, I know **how to** push Namaari's buttons.❶ **Once** you guys are clear, I'm out of there.❷ What's your name?
아뇨, 그냥 그들을 붙잡아 두는 것뿐이에요. 전 어떻게 나마리를 화나게 하는지 알아요. 당신들이 빠져나가면, 나도 도망갈 거예요. 이름이 뭐죠?

TONG
텅

The moniker given to me is Tong.
텅이라고 불리지.

RAYA
라야

Okay, Tong, look, you don't know me, I don't know you. But I'm sure that you know a back door or way outta here and it's really important that my friends stay safe. Okay? So, I am sincerely asking you, **will you** help us?❸ Please.
알았어요, 텅. 당신은 날 모르고 저도 당신을 잘 몰라요. 하지만 당신이 뒷문이나 여기를 빠져나갈 길을 알고 있다고 확신해요. 내 친구들의 안전이 정말 중요해요. 알겠어요? 그러니까 정말 간절히 부탁드려요. 도와주실 거죠? 제발.

RAYA
라야

Okay. **Note to self:** don't die.❹
알았어. 명심해: 절대 죽지 마.

장면 파헤치기

구문 설명과 예문으로 이 장면의 핵심 표현을 완벽히 이해하세요.

❶ I know **how to** push Namaari's buttons. 전 어떻게 나마리를 화나게 하는지 알아요.

push one's buttons는 '~를 화나게 하다'라는 뜻이에요. 말이나 행동으로 누군가의 나쁜 감정을 자극한다고 할 때 쓰는 표현이죠. 이번 〈패턴 익히기〉에서는 〈의문사 + to 부정사〉 패턴을 연습할 거예요. 의문사 뒤에는 '주어 + 동사'의 문장 형태를 주로 쓰지만 주어가 명확한 경우 이렇게 '의문사 + to 부정사'의 패턴으로 줄여서 쓸 수 있어요. how to ~ (어떻게 ~하는지), what to ~ (무엇을 ~하는지), where to ~ (어디서 ~하는지)처럼 말이죠. 뒤에서 다양한 문장으로 연습해 보세요.

★ 영화 속 패턴 익히기

❷ **Once** you guys are clear, I'm out of there. 당신들이 빠져나가면, 나도 도망갈 거예요.

once는 쓰임새가 다양한 팔방미인 단어예요. 이 대사에서 once는 '일단 ~하면'이란 뜻으로 어떤 일이 일어났다는 것을 가정할 때 쓸 수 있어요. 이럴 때는 once 뒤에 '주어 + 동사'의 문장 패턴을 붙여 주세요. 또한, once는 '한 번'이란 뜻으로 횟수를 의미하는 말이기도 해요. once (한 번), twice (두 번), three times (세 번)··· 처럼 쓸 수 있죠. 동화의 첫 문장에 자주 쓰이는 Once upon a time에도 once가 있군요. Once upon a time은 '옛날 옛적에'라는 뜻이에요.

* **Once** you pass the gate, turn left on Pinehill Street. 게이트를 지나면 파인힐 가에서 좌회전하세요.
* **Once** your application is approved, you're allowed to share your passcode with two people. 신청하신 게 승인이 되면 비밀번호를 두 명과 공유할 수 있어요.

❸ So, I am sincerely asking you, **will you** help us? 그러니까 정말 간절히 부탁드려요. 도와주실 거죠?

Will you ~?는 상대방에게 무언가를 부탁할 때 쓰는 표현이에요. '~해 주시겠어요?'라고 해석하는데 더 정중하고 간절하게 부탁하고 싶다면 뒤에 please를 붙여 주세요. 아이들은 pretty please?라며 귀엽게 부탁하기도 해요. Would you ~? 역시 정중하게 부탁하는 표현인데 will you ~?보다 더 정중하게 요청하는 느낌이 있어요. 또한, I was wondering if ~ 역시 '~해 주실 수 있을까 해서요'라는 뜻으로 상대에게 아주 정중하게 부탁하는 표현이에요.

* **Will you** bring my cat down from the tree? 고양이를 나무 위에서 내려 주시겠어요?
* **Will you** pick up my glove, please? My hands are full. 장갑 좀 주워 줄래요? 내가 들고 있는 게 많아서요.

❹ **Note to self:** don't die. 명심해: 절대 죽지 마.

Note to self를 단어 그대로 해석하면 '자신(스스로)에게 쓰는 메모'가 되죠. 중요한 사실을 잊어버리지 않겠다는 의미로 쓰는 표현이에요. 상대방의 말을 듣고 '명심할게'라는 의미로 쓰거나, 스스로 다짐을 하며 '기억해', '잊어버리지 마'라는 의미로 쓸 수도 있어요.

* **Note to self:** Never leave dirty socks in the bedroom. 명심해: 절대로 침실에 더러운 양말을 두지 마.
* **Note to self:** Sign out of your email account, especially when you use public computers. 명심할 것: 특히 공용 컴퓨터를 쓸 때 이메일 로그아웃하기.

 오늘 배운 장면에서 뽑은 핵심 패턴으로 다양한 표현을 만들어 보세요.

21-2.mp3

how to ~ 어떻게 ~하는지

Step 1 기본 패턴 연습하기

1 Tell me **how to** win her heart. 그녀의 마음을 어떻게 사로잡을지 알려 주세요.

2 You don't even know **how to** say "hi" in Japanese. 넌 일본어로 어떻게 "안녕"이라고 하는지도 모르잖아.

3 I want you to explain **how to** make international transactions.
국제 거래를 어떻게 하는지 설명해 주셨으면 해요.

4 I have no idea __________ open this box. 이 상자를 어떻게 여는지 모르겠어요.

5 I'll show you __________ make a rose with paper. 종이로 어떻게 장미를 만드는지 보여 드릴게요.

Step 2 패턴 응용하기 의문사 + to ~

1 Just tell me **what to** do! 무엇을 할지 말해 줘!

2 Do you have any idea **where to** go? 어디로 갈지 생각나는 데가 있으세요?

3 Would you tell me **where to** catch the bus? 어디서 버스를 타는지 알려 주실래요?

4 Let me know __________ write in the card. 카드에 뭐라고 쓸지 말씀해 주세요.

5 They must know __________ find the treasure. 그들은 보물을 어디서 찾을지 분명히 알고 있어요.

Step 3 실생활에 적용하기

A I thought Sarah told you everything about the sewing machine.
B 하지만 바늘을 어떻게 교체하는지 보여주진 않았어요.
A Okay, let me show you.

A 사라가 재봉틀에 대해 다 말해 준 줄 알았지.
B But she didn't show me how to change the needle.
A 알았어, 내가 보여 줄게.

정답 Step 1 4 how to 5 how to Step 2 4 what to 5 where to

확인학습

문제를 풀며 오늘 배운 표현을 완벽히 내 것으로 만드세요.

A | 영화 속 대화를 완성해 보세요.

RAYA Okay, the Fang gang's here for me, not for you. So if I can ❶ __________ them, you guys can get out of here. 좋아요, 송곳니 패거리들은 당신들이 아니라 날 잡으러 왔어요. 내가 그들의 관심을 돌릴 수 있으면, 여러분들은 여기서 빠져나갈 수 있어요.

SISU-HUMAN You're gonna fight an ❷ __________ army? 너 혼자 저 군대와 맞서 싸우겠다는 거야?

RAYA No, I'm just gonna ❸ __________ them. Look, I know ❹ __________ push Namaari's buttons. ❺ __________ you guys are clear, I'm ❻ __________ there. What's your name? 아뇨, 그냥 그들을 붙잡아 두는 것뿐이에요. 전 어떻게 나마리를 화나게 하는지 알아요. 당신들이 빠져나가면, 나도 도망갈 거예요. 이름이 뭐죠?

TONG The moniker given to me is Tong. 텅이라고 불리지.

RAYA Okay, Tong, look, you don't know me, I don't know you. But ❼ __________ that you know a back door or way outta here and it's really important that my friends stay safe. Okay? So, I am ❽ __________ asking you, ❾ __________ help us? Please. 알았어요, 텅. 당신은 날 모르고 저도 당신을 잘 몰라요. 하지만 당신이 뒷문이나 여기를 빠져나갈 길을 알고 있다고 확신해요. 내 친구들의 안전이 정말 중요해요. 알겠어요? 그러니까 정말 간절히 부탁드려요, 도와주실 거죠? 제발.

RAYA Okay. ❿ __________: don't die. 알았어. 명심해: 절대 죽지 마.

B | 다음 빈칸을 채워 문장을 완성해 보세요.

1 이 상자를 어떻게 여는지 모르겠어요.
I have no idea __________ open this box.

2 종이로 어떻게 장미를 만드는지 보여 드릴게요.
I'll show you __________ make a rose with paper.

3 무엇을 할지 말해 줘!
Just tell me __________ do!

4 어디서 버스를 타는지 알려 주실래요?
Would you tell me __________ catch the bus?

5 카드에 뭐라고 쓸지 말씀해 주세요.
Let me know __________ write in the card.

정답 A

❶ distract
❷ entire
❸ stall
❹ how to
❺ Once
❻ out of
❼ I'm sure
❽ sincerely
❾ will you
❿ Note to self

정답 B

1 how to
2 how to
3 what to
4 where to
5 what to

Day 22

A Fellowship to Defeat Drunn

드룬 퇴치 원정대

시수의 도움으로 나마리에게서 탈출한 일행은 무사히 배에 안착했지만, 드래곤의 존재를 비밀로 한 라야에게 토라진[agitated] 모양이에요. 시수는 라야와 함께 젬을 모으면서 부서진 세상을 바로잡고[fix] 돌로 변한 사람들을 데려오겠다는[bring back] 계획을 말해요. 이에 감동받은 일행은 무릎을 꿇고[kneel] 자기들도 함께 돕겠다고 하지만 라야는 너무 위험한 일이라며 이들의 간청을 거절해요[reject]. 텅이 시수에게 척추의 땅 드래곤 젬을 시수에게 바치자[present] 갑자기 비가 쏟아지고, 시수가 빗방울을[raindrop] 타고 하늘로 올라가는 마법 같은 모습을 보이자 그들의 마음은 하나가 되어요. 그리고 드룬 퇴치 원정대가[fellowship] 결성되어 마지막 드래곤 젬 조각이 있는 송곳니의 땅으로 출발!

Warm Up! 오늘 배울 표현

오늘 등장하는 표현들입니다. 어떤 표현이 들어가야 할지 생각해 보세요.

* __________ do that. 내가 허락할 수 없어.
* __________ lost family to the Druun. 당신만 드룬에게 가족을 잃은 게 아니에요.
* ____ too __________ join this fellowship of druun butt-kickery.
  저도 드룬 퇴치 원정대와 함께하고 싶습니다.
* __________! 알겠습니다!

바로 이 장면!

오디오 파일을 듣고 3번 따라 말해보세요.

22-1.mp3

TONG 텅

Why are you here, divine water dragon?
신성한 물의 드래곤님, 여기에 오신 이유가 뭐죠?

SISU 시수

Isn't that obvious, big guy? My girl Raya and I are gonna fix the world - bring everyone back.
뻔한 거 아닌가, 덩치 양반? 내 친구 라야와 나는 세상을 바로 잡을 거야 – 모든 사람을 다 되돌려 놓는 거지.

BOUN 분

You're gonna bring everyone back? I want to help.
모든 사람을 다 되돌린다고요? 저도 돕고 싶어요.

RAYA 라야

I'm sorry, **I can't let you** do that.[1] It's too dangerous.
미안하지만 내가 허락할 수 없어. 너무 위험해.

BOUN 분

You're not the only one who lost family to the Druun.[2] Please let me help you.
당신만 드룬에게 가족을 잃은 게 아니에요. 제발, 제가 돕게 해 주세요.

TONG 텅

I too **wish to** join this fellowship of druun butt-kickery.[3]
저도 드룬 퇴치 원정대와 함께하고 싶습니다.

SISU 시수

My big brother Pengu's magic...
우리 오빠 펭구의 마법이야…

RAYA 라야

Alright, Captain Boun. To Fang!
자, 분 선장. 송곳니의 땅을 향해서!

BOUN 분

You got it![4]
알겠습니다!

장면 파헤치기

구문 설명과 예문으로 이 장면의 핵심 표현을 완벽히 이해하세요.

❶ I can't let you do that. 내가 허락할 수 없어.

I can't let you ~는 상대방이 어떤 일을 하도록 그냥 두지 않겠다는 의미로 쓰는 표현이에요. 또한, 상대방의 어떤 행동을 허락하지 않겠다고 할 때 쓸 수도 있죠. '네가 ~하지 않도록 하겠어', '네가 ~하게 할 수는 없어'라고 해석하는 게 좋아요. 반대로 '네가 ~하도록 할게'라고 긍정적으로 말할 때는 I'll let you ~라는 패턴을 사용하세요.

★ 영화 속 패턴 익히기

❷ You're not the only one who lost family to the Druun. 당신만 드룬에게 가족을 잃은 게 아니에요.

You're not the only one who ~는 '너만 ~한 건 아니야'라는 의미예요. 이때 one은 '사람'이란 뜻으로 쓰였어요. 반대로 '너만 ~하다'라고 할 때는 You're the only one who ~라고 해 주세요.

* **You're not the only one who** received an A in history. 역사에서 너만 A를 받은 게 아니라고.
* **You're not the only one who** signed the contract. 당신만 계약서를 작성한 게 아니에요.

❸ I too wish to join this fellowship of druun butt-kickery. 저도 드룬 퇴치 원정대와 함께하고 싶습니다.

wish가 소망을 나타내는 단어라는 건 다 아시죠? I wish to ~는 '~하고 싶어'라는 뜻으로 자신의 희망이나 하고 싶은 일을 말할 때 쓰는 표현이에요. 영어 문법을 공부하신 분들은 wish가 가정법 동사라서 이루어질 수 없는 일을 소망할 때만 쓴다고 생각할 수도 있는데, I wish to ~는 가정법과는 별개로 하고 싶은 일을 말할 때 쓰는 거예요. 문법만 신경 쓰다 보면 자신 있게 영어 회화를 할 수 없어요.

* **I wish to** report a missing dog. 실종된 강아지를 신고하고 싶어서요.
* **I wish to** apologize for what happened last night. 지난밤에 있었던 일을 사과하고 싶어요.

❹ You got it! 알겠습니다!

상대방의 부탁이나 명령에 즉각적으로 '알겠습니다'라는 뜻으로 대답하는 말이에요. 또한, 퀴즈 프로그램에서 정답을 맞히면 사회자가 You got it!라고 외치는 장면을 많이 보셨을 거예요. 이 문맥에서는 '맞습니다!'라는 뜻이에요. 상대방의 말에 동의하거나 상대방의 말이 옳다고 말할 때도 You got it.이라고 해요.

* A: Can I get an iced coffee? 아이스 커피 한 잔 주시겠어요?
  B: Sure, **you got it!** 네, 알겠습니다!

오늘 배운 장면에서 뽑은 핵심 패턴으로 다양한 표현을 만들어 보세요.

22-2.mp3

I can't let you ~

네가 ~하도록 둘 수 없어.

Step 1 기본 패턴 연습하기

1 **I can't let you** take the risk. 당신이 위험을 감당하게 할 순 없어요.

2 **I can't let you** go alone. 네가 혼자 가게 두지 않겠어.

3 **I can't let you** use my camera. 내 카메라를 쓰게 할 순 없어요.

4 ______________ have pets in the apartment. 아파트에서 강아지를 키우게 할 수 없어요.

5 ______________ leave before your shift is over. 근무 시간이 끝나기 전에 보내 줄 수는 없어요.

Step 2 패턴 응용하기 | I'll let you ~

1 **I'll let you** do the talking. 말은 네가 담당할 수 있게 해 줄게.

2 **I'll let you** rest for a while. 잠시 쉴 수 있도록 해 줄게.

3 **I'll let you** use my tools in the garage. 차고에서 내 장비를 쓸 수 있도록 해 줄게.

4 ______________ choose the carpets and curtains. 카펫과 커튼을 고를 수 있도록 해 줄게요.

5 ______________ take a week off. 일주일 쉴 수 있도록 해 줄게.

Step 3 실생활에 적용하기

A 제임스, 오늘 밤에는 밖에 나가게 할 수 없어.

B It's Halloween! I'm supposed to go trick or treating with Mike.

A It's too cold outside.

A James, I can't let you go out tonight.

B 오늘은 핼러윈이잖아요! 마이크하고 사탕 받으러 가기로 했는데.

A 밖은 너무 추워.

정답 Step 1 4 I can't let you 5 I can't let you Step 2 4 I'll let you 5 I'll let you

확인학습

문제를 풀며 오늘 배운 표현을 완벽히 내 것으로 만드세요.

A | 영화 속 대화를 완성해 보세요.

TONG Why are you here, ❶ ____________ water dragon?
신성한 물의 드래곤님, 여기에 오신 이유가 뭐죠?

SISU Isn't that ❷ ____________, big guy? My girl Raya and I are gonna fix the world – ❸ ____________ everyone back.
뻔한 거 아닌가, 덩치 양반? 내 친구 라야와 나는 세상을 바로 잡을 거야 – 모든 사람을 다 되돌려 놓는 거지.

BOUN You're gonna bring everyone back? I want to ❹ ____________. 모든 사람을 다 되돌린다고요? 저도 돕고 싶어요.

RAYA I'm sorry, I can't ❺ ____________ do that. It's too ❻ ____________. 미안하지만 내가 허락할 수 없어. 너무 위험해.

BOUN You're not the ❼ ____________ lost family to the Druun. Please ❽ ____________ help you.
당신만 드룬에게 가족을 잃은 게 아니에요. 제발, 제가 돕게 해 주세요.

TONG I too ❾ ____________ join this fellowship of druun butt-kickery. 저도 드룬 퇴치 원정대와 함께하고 싶습니다.

SISU My big brother Pengu's magic...
우리 오빠 펭구의 마법이야…

RAYA Alright, Captain Boun. To Fang!
자, 분 선장. 송곳니의 땅을 향해서!

BOUN ❿ ____________! 알겠습니다!

B | 다음 빈칸을 채워 문장을 완성해 보세요.

1 아파트에서 강아지를 키우게 할 수 없어요.
____________ have pets in the apartment.

2 네가 혼자 가게 두지 않겠어.
____________ go alone.

3 내 카메라를 쓰게 할 순 없어요.
____________ use my camera.

4 일주일 쉴 수 있도록 해 줄게.
____________ take a week off.

5 잠시 쉴 수 있도록 해 줄게.
____________ rest for a while.

정답 A

❶ divine
❷ obvious
❸ bring
❹ help
❺ let you
❻ dangerous
❼ only one who
❽ let me
❾ wish to
❿ You got it

정답 B

1 I can't let you
2 I can't let you
3 I can't let you
4 I'll let you
5 I'll let you

Plans to Get the Last Gem Piece

마지막 젬 조각을 얻기 위한 계획들

라야 일행은 경비가 삼엄한[heavy] 송곳니의 땅에서 어떻게 마지막 젬 조각을 획득할 것인가 계획을 세우고 있어요. 분의 계획은 히어로 무비 같아요. 송곳니의 군인들이 들끓는[swarm] 궁궐로 잠입해[sneak into] 먼저 현란한 무술로[martial arts] 그들을 제압하면 텅이 거대한 도끼를[axe] 들고 나머지 군인들을 해치우는 거죠. 그후 엉기와 노이가 비라나 족장에게 달려들어[lunge] 젬을 빼앗아 시수에게 던져주면[toss] 시수가 강력한 힘을 발휘해서 드룬을 물리치는 거예요. 하지만 '믿음의 상징' 드래곤 시수는 다른 계획이 있어요. 나마리를 마주하고[confront] 선물을 준 뒤 세상을 구하는 좋은 일에 동참할 것을 설득하자는 거죠. 라야는 두 계획 모두 썩 만족스럽진 않지만, 송곳니 부족을 믿느니 차라리 무모한 분의 계획이 낫겠다고 생각합니다.

Warm Up! 오늘 배울 표현

오늘 등장하는 표현들입니다. 어떤 표현이 들어가야 할지 생각해 보세요.

* I think ______________ go with Boun's plan. 분의 계획대로 하는 게 좋겠어요.
* ______________ them, none of this would have happened.
  그들만 아니었으면, 이런 일도 일어나지 않았을 거예요.
* I got a feeling she wants to fix the world ______________.
  그 애도 우리만큼이나 간절히 세상을 바로잡고 싶어 한다는 느낌이 들어.
* We're ______________ my plan. 내 계획대로 하겠어요.

바로 이 장면!

오디오 파일을 듣고 3번 따라 말해보세요. 23-1.mp3

RAYA 라야
Yeah, I think **I'd rather** go with Boun's plan.❶
네, 분의 계획대로 하는 게 좋겠어요.

SISU 시수
What?
뭐라고?

BOUN 분
YES!
좋았어!

SISU 시수
Why?
왜?

RAYA 라야
Because it's Fang.
왜냐하면 송곳니 부족이니까.

TONG 텅
Their blades are specially designed for the stabbing of backs.
그들의 칼날은 사람들의 뒤를 공격하도록 특별히 제작되었어요.

BOUN 분
If it weren't for them, none of this would have happened.❷ They're the worst.
그들만 아니었으면, 이런 일도 일어나지 않았을 거예요. 그들이 제일 악질이에요.

SISU 시수
If we're just honest with her, deep down, I got a feeling she wants to fix the world **as much as we do**.❸
우리가 그녀에게 마음 깊이 솔직해지면 그 애도 우리만큼이나 간절히 세상을 바로잡고 싶어 한다는 느낌이 들어.

RAYA 라야
You weren't there when Namaari betrayed me. We're **sticking with** my plan.❹
나마리가 날 배신했을 때 당신이 거기에 없어서 그래요. 내 계획대로 하겠어요.

장면 파헤치기

구문 설명과 예문으로 이 장면의 핵심 표현을 완벽히 이해하세요.

❶ I think **I'd rather** go with Boun's plan. 분의 계획대로 하는 게 좋겠어요.

I'd rather ~는 '~하는 게 좋겠어', '차라리 ~하는 게 좋아'라는 뜻으로 자신이 어떤 행동을 하고 싶은지 말할 때 쓰는 표현이에요. 반대로 '~하지 않는 게 좋겠어'라고 말할 때는 I'd rather not ~이란 표현을 써요. I'd rather ~는 I would rather ~의 줄임말인데 회화에서는 이렇게 줄여 쓰는 게 좋아요. 〈패턴 익히기〉에서 여러 예문으로 연습해 볼게요.

★영화 속 패턴 익히기

❷ **If it weren't for** them, none of this would have happened.
그들만 아니었으면, 이런 일도 일어나지 않았을 거예요.

If it weren't for ~는 '~가 없었다면'이란 뜻으로 어떤 존재의 중요함을 말하고 싶을 때 쓰는 표현이에요. 가정하는 표현이기 때문에 weren't를 쓰는 게 문법적으로 정석이지만 If it wasn't for ~라고 하는 원어민들도 많아요. without ~ 역시 '~가 없었더라면'이란 의미로 쓸 수 있어요.

* **If it weren't for** us, you'd never be this successful. 우리가 아니면, 당신은 이만큼 성공하지 못했을 거야.
* **If it weren't for** Mrs. Biman, my garage would have burned down.
  바이먼 부인이 아니었으면, 차고가 불탔을 거예요.

❸ I got a feeling she wants to fix the world **as much as we do**.
그 애도 우리만큼이나 간절히 세상을 바로잡고 싶어 한다는 느낌이 들어.

〈as much as 주어 + 동사〉는 '~만큼이나 ~해'라는 뜻으로 무언가와 비교해서 자기 생각이나 느낌을 말할 때 쓰는 표현이에요. many와 much가 뜻이 비슷하다고 해도 as many as ~라고 하지는 않아요.

* She loves surfing **as much as I do**. 그녀는 나만큼이나 서핑을 좋아해요.
* You enjoyed the party **as much as we did**! 우리만큼이나 너도 그 파티를 즐겼잖아!

❹ We're **sticking with** my plan. 내 계획대로 하겠어요.

stick with ~는 마음을 바꾸지 않고 계속해서 무언가를 하겠다고 할 때 쓰는 표현이에요. '~를 고수하다'라는 해석이 적절한 표현이죠.

* You should **stick with** what we've agreed on. 우리가 동의했던 대로 하셔야죠.
* You can't change my mind. I'm still **sticking with** James.
  내 마음을 바꿀 순 없어요. 전 제임스와 계속 함께하겠어요.

영화 속 패턴 익히기

오늘 배운 장면에서 뽑은 핵심 패턴으로 다양한 표현을 만들어 보세요.

23-2.mp3

I'd rather ~

~하는 게 좋겠어.

Step 1 기본 패턴 연습하기

1 **I'd rather** stay with Kelly than go out in the rain. 비가 오는데 밖에 나가는 것보다 켈리와 함께 있는 게 좋겠어.

2 **I'd rather** get a haircut. 머리를 자르는 게 좋겠어.

3 **I'd rather** sleep in my room even though it's noisy. 시끄러워도 내 방에서 자는 게 좋겠어요.

4 ________________ go back to work. 회사로 돌아가는 게 좋겠어.

5 ________________ do something else. 다른 걸 하는 게 좋겠어요.

Step 2 패턴 응용하기 | I'd rather not ~

1 **I'd rather not** comment on this issue. 이 문제에 대해서는 언급하고 싶지 않아요.

2 **I'd rather not** wear his shoes. He may not like it. 그의 신발을 신지 않는 게 좋겠어. 그가 안 좋아할 거야.

3 **I'd rather not** go for a walk tonight. 오늘 밤은 산책을 안 했으면 해요.

4 ________________ talk about it. 그 일에 대해서 말하고 싶지 않아요.

5 ________________ answer the question. 그 질문에 답하지 않는 게 좋겠어요.

Step 3 실생활에 적용하기

A Wanna go swimming in the pool?
B 집에 있으면서 TV나 보는 게 좋겠어.
A Are you sure? It's so beautiful outside.

A 수영장에 수영하러 갈래?
B I'd rather stay home and watch TV.
A 정말이야? 밖이 아주 좋은데.

정답 Step 1 4 I'd rather 5 I'd rather Step 2 4 I'd rather not 5 I'd rather not

확인학습

문제를 풀며 오늘 배운 표현을 완벽히 내 것으로 만드세요.

A | 영화 속 대화를 완성해 보세요.

RAYA Yeah, I think ❶ __________ go with Boun's plan.
네, 분의 계획대로 하는 게 좋겠어요.

SISU What? 뭐라고?

BOUN YES! 좋았어!

SISU Why? 왜?

RAYA Because it's Fang. 왜냐하면 송곳니 부족이니까.

TONG Their blades are specially designed for the ❷ __________ of backs. 그들의 칼날은 사람들의 뒤를 공격하도록 특별히 제작되었어요.

BOUN If it ❸ __________ them, ❹ __________ this would have happened. They're the ❺ __________.
그들만 아니었으면, 이런 일도 일어나지 않았을 거예요. 그들이 제일 악질이에요.

SISU If we're just ❻ __________ with her, deep down, I got a feeling she wants to ❼ __________ the world ❽ __________ we do. 우리가 그녀에게 마음 깊이 솔직해지면 그 애도 우리만큼이나 간절히 세상을 바로잡고 싶어 한다는 느낌이 들어.

RAYA You weren't there when Namaari ❾ __________ me. We're ❿ __________ my plan.
나마리가 날 배신했을 때 당신이 거기에 없어서 그래요. 내 계획대로 하겠어요.

B | 다음 빈칸을 채워 문장을 완성해 보세요.

1 머리를 자르는 게 좋겠어.
__________ get a haircut.

2 다른 걸 하는 게 좋겠어요.
__________ do something else.

3 회사로 돌아가는 게 좋겠어.
__________ go back to work.

4 그 일에 대해서 말하고 싶지 않아요.
__________ talk about it.

5 그 질문에 답하지 않는 게 좋겠어요.
__________ answer the question.

정답 A

❶ I'd rather
❷ stabbing
❸ weren't for
❹ none of
❺ worst
❻ honest
❼ fix
❽ as much as
❾ betrayed
❿ sticking with

정답 B

1 I'd rather
2 I'd rather
3 I'd rather
4 I'd rather not
5 I'd rather not

Day 24

Take the First Step of Trust

믿음의 첫발 내딛기

시수가 라야에게 보여줄 게 있다고 데려온 곳은 허물어져[crumbled] 폐허로 변한 심장의 땅 신전입니다. 시수는 자신의 형제와 자매[siblings] 석상을 라야에게 보여주며 500년 전에 이곳에서 있었던 일을 라야에게 자세하게 설명해요. 마지막으로 남은 시수의 형제자매들은 패배를[defeat] 인정하지 않고 드룬에 맞서 끝까지 싸우기로 해요. 드래곤들은 각자의 마법을 젬 안에 모은 뒤[concentrate] 그것을 시수에게 건네주죠. 시수는 왜 자신이 마지막으로 선택되었는지 정확히 모르겠지만, 서로를 신뢰했다는[trust] 사실이 중요한 것이라고 말해요. 자신의 경험을[experience] 통해 시수는 서로에 대한 믿음만이[faith] 드룬을 물리칠 방법이라고 해요. 시수의 이야기에 감동한 라야는 그녀의 계획을 따르기로 합니다.

Warm Up! 오늘 배울 표현

오늘 등장하는 표현들입니다. 어떤 표현이 들어가야 할지 생각해 보세요.

* ____________ I trusted them and they trusted me.
  내가 알고 있는 건 난 그들을 믿었고 그들도 날 믿었다는 것뿐이야.

* ____________ believe that. 나도 정말 그렇게 믿고 싶어요.

* ____________ that we could be friends. 한때는 우리가 친구라고 생각했거든요.

* ____________ she wanted to help us, how could I possibly trust her?
  만약 그녀가 우리를 돕고 싶다고 해도 어떻게 내가 그 애를 믿을 수 있죠?

바로 이 장면!

오디오 파일을 듣고 3번 따라 말해보세요. 24-1.mp3

SISU 시수

I don't know why they chose me. It could have been any of us. **All I know is** I trusted them and they trusted me.[1] And so...

왜 그들이 날 선택했는지 모르겠어. 우리 중에 아무나 할 수 있었는데 말이야. 내가 알고 있는 건 난 그들을 믿었고 그들도 날 믿었다는 것뿐이야. 그래서…

SISU 시수

When they put their faith in me, it empowered me beyond anything I could imagine. The same can happen with Namaari.

그들이 나를 신뢰하자 상상할 수 없을 만큼의 힘이 생긴 거야. 똑같은 일이 나마리에게 일어날 수도 있어.

RAYA 라야

I really wish I could believe that.[2] **I once thought** that we could be friends.[3]

나도 정말 그렇게 믿고 싶어요. 한때는 우리가 친구라고 생각했거든요.

SISU 시수

After all this, maybe you can be.

이 모든 일이 잘 끝나면 다시 그럴 수 있어.

RAYA 라야

Even if she wanted to help us, how could I possibly trust her?[4]

만약 그녀가 우리를 돕고 싶다고 해도 어떻게 내가 그 애를 믿을 수 있죠?

SISU 시수

But if somehow you could, you wouldn't just bring your ba back - you'd also bring back his dream. Kumandra.

네가 그렇게만 한다면 그냥 너의 바만 돌아오는 게 아니야 – 그의 꿈도 다시 돌아오는 거야. 쿠만드라.

장면 파헤치기

구문 설명과 예문으로 이 장면의 핵심 표현을 완벽히 이해하세요.

❶ All I know is I trusted them and they trusted me.

내가 알고 있는 건 난 그들을 믿었고 그들도 날 믿었다는 것뿐이야.

All I know is ~는 다른 건 몰라도 지금 자기 생각만큼은 확실히 알고 있다고 주장하는 표현이에요. 뒤에 '주어 + 동사'의 문장 형태를 쓰면 되는데 '내가 알고 있는 건 ~하다는 것뿐이야' 혹은 '~는 확실히 알고 있어'라고 해석할 수 있어요.

* **All I know is** I still want to work with you. 내가 알고 있는 건 아직 너와 함께 일을 하고 싶다는 거야.
* **All I know is** that nothing will change my love for him.
  내가 알고 있는 건 아무것도 그에 대한 나의 사랑을 바꿔 놓을 수 없다는 거야.

❷ I really wish I could believe that. 나도 정말 그렇게 믿고 싶어요.

I wish I could ~는 '~하면 좋겠어', '~할 수만 있다면'이란 뜻으로 지금의 상황과는 달리 자신이 어떤 행동할 수 있기를 소망하는 표현이에요. 과거에 있었던 일에 대해서 '~했더라면 좋았을 텐데'라고 후회하는 말할 때는 I wish I had p.p. 패턴을 활용하세요.

★영화 속 패턴 익히기

❸ I once thought that we could be friends. 한때는 우리가 친구라고 생각했거든요.

라야는 한 때 나마리를 친구라고 생각했던 자신이 어리석었다며 자책하고 있어요. I once thought ~는 '한때 ~라고 생각했지'라는 뜻으로 예전에 했던 생각이 잘못되었음을 암시하는 표현이에요. once는 '한때는'이란 뜻인데 생략해도 괜찮아요.

* **I once thought** that I could open my own restaurant. 예전에는 제 식당을 열 수 있을 거라고 생각했어요.
* **I once thought** my dad was invincible like a superhero.
  한때는 아빠가 슈퍼히어로처럼 천하무적이라고 생각했죠.

❹ Even if she wanted to help us, how could I possibly trust her?

만약 그녀가 우리를 돕고 싶다고 해도 어떻게 내가 그 애를 믿을 수 있죠?

even if ~는 '설령 ~라도 해도', '~하는 일이 생겨도'라는 뜻으로 자신의 의지와는 상관없이 어떤 일이 생길 수도 있다는 것을 가정하며 하는 말이에요. even though ~라고 해도 같은 의미를 전달할 수 있어요.

* **Even if** that is true, there's nothing you can do. 그게 사실이라도 네가 할 수 있는 건 없어.
* **Even if** you're frustrated, do not show your emotions to others.
  네가 당황하더라도 네 감정을 다른 사람에게 보이지 마.

영화 속 패턴 익히기

오늘 배운 장면에서 뽑은 핵심 패턴으로 다양한 표현을 만들어 보세요.

24-2.mp3

I wish I could ~
~ 하면 좋겠어.

Step 1 기본 패턴 연습하기

1 **I wish I could** see her right now. 그녀를 지금 볼 수 있으면 좋겠어.

2 **I wish I could** travel around the world. 세계 여행을 할 수 있으면 좋겠어.

3 **I wish I could** speak French. 불어를 할 수 있으면 좋겠어.

4 ______________ take back what I said. 내가 한 말을 다시 주워 담을 수 있으면 좋겠어.

5 ______________ dance like you. 너처럼 춤을 출 수 있으면 좋겠어.

Step 2 패턴 응용하기 | I wish I had p.p ~

1 **I wish I had known** you better. 널 더 잘 알고 있었더라면 좋았을 텐데.

2 **I wish I had been** a better parent. 내가 더 좋은 부모였다면 좋았을 거야.

3 **I wish I had met** you earlier. 널 더 일찍 만났더라면 좋았을 텐데.

4 ______________ saved more. 돈을 더 저축했다면 좋았을 거야.

5 ______________ taken more pictures at my wedding.
결혼식에서 사진을 더 많이 찍었더라면 좋았을 거야.

Step 3 실생활에 적용하기

A I miss you so much.
B 내가 널 위해 거기에 있으면 좋을 텐데.
A Me too. It isn't the same without you.

A 너무 보고 싶어.
B I wish I could be there for you.
A 나도. 네가 없으니까 예전 같지 않아.

정답 Step 1 4 I wish I could 5 I wish I could Step 2 4 I wish I had 5 I wish I had

확인학습

문제를 풀며 오늘 배운 표현을 완벽히 내 것으로 만드세요.

A | 영화 속 대화를 완성해 보세요.

SISU I don't know why they ❶ __________ me. It ❷ __________ __________ any of us. ❸ __________ is I trusted them and they trusted me. And so...

왜 그들이 날 선택했는지 모르겠어. 우리 중에 아무나 할 수 있었는데 말이야. 내가 알고 있는 건 난 그들을 믿었고 그들도 날 믿었다는 것뿐이야. 그래서…

SISU When they put their ❹ __________ in me, it empowered me beyond anything I could ❺ __________. ❻ __________ __________ can happen with Namaari.

그들이 나를 신뢰하자 상상할 수 없을 만큼의 힘이 생긴 거야. 똑같은 일이 나마리에게 일어날 수도 있어.

RAYA I really ❼ __________ believe that. ❽ __________ that we could be friends.

나도 정말 그렇게 믿고 싶어요. 한때는 우리가 친구라고 생각했거든요.

SISU After all this, maybe you can be.

이 모든 일이 잘 끝나면 다시 그럴 수 있어.

RAYA ❾ __________ she wanted to help us, how could I possibly ❿ __________ her?

만약 그녀가 우리를 돕고 싶다고 해도 어떻게 내가 그 애를 믿을 수 있죠?

SISU But if somehow you could, you wouldn't just bring your ba back - you'd also bring back his dream. Kumandra.

네가 그렇게만 한다면 그냥 너의 바만 돌아오는 게 아니야 – 그의 꿈도 다시 돌아오는 거야. 쿠만드라.

B | 다음 빈칸을 채워 문장을 완성해 보세요.

1 불어를 할 수 있으면 좋겠어.

__________ speak French.

2 내가 한 말을 다시 주워 담을 수 있으면 좋겠어.

__________ take back what I said.

3 너처럼 춤을 출 수 있으면 좋겠어.

__________ dance like you.

4 널 더 일찍 만났더라면 좋았을 텐데.

__________ met you earlier.

5 돈을 더 저축했다면 좋았을 거야.

__________ saved more.

정답 A

❶ chose
❷ could have been
❸ All I know
❹ faith
❺ imagine
❻ The same
❼ wish I could
❽ I once thought
❾ Even if
❿ trust

정답 B

1 I wish I could
2 I wish I could
3 I wish I could
4 I wish I had
5 I wish I had

Day 25

Can We Trust Namaari?

나마리를 믿을 수 있을까?

시수와의 만남에 마음이 고조된[heightened] 나마리는 어머니 비라나를 만나 시수가 분열된 쿠만드라를 회복시킬 수[restore] 있다고 말해요. 하지만 모든 게 되돌아 왔을 때, 다른 부족들이 송곳니 부족의 과거 잘못을 탓할 것을[blame] 우려한 비라나 족장은 자기들이 시수와 나머지 젬 조각들을 손에 넣어 세상을 구하면[save the world] 그 잘못을 용서받을 수 있을거라 합니다. 그리고 나마리에게 더 이상 걱정하지[concern] 말라고 타일러요. 한편 라야의 계획대로 송곳니의 궁궐에 성공적으로 잠입한[infiltrate] 노이와 엉기들은 나마리 방의 창을 통해 작은 꾸러미를[bundle] 던져요. 나마리가 그것을 풀어 보니 작은 쪽지와[note] 함께 드래곤 목걸이 장식이[pendant] 들어 있어요. 시수의 바람대로 나마리가 마음을 움직일까요?

Warm Up! 오늘 배울 표현

오늘 등장하는 표현들입니다. 어떤 표현이 들어가야 할지 생각해 보세요.

* And ______ scares ______. 그게 바로 내가 두려워하는 거야.
* The other lands ______ us ______ what's happened.
  다른 부족들이 과거에 있었던 일에 대해 우리를 탓하고 있잖니.
* ______, my love. 더 이상 네가 걱정할 게 아니란다, 얘야.
* ______. 넌 할 일을 충분히 했어.

바로 이 장면!

오디오 파일을 듣고 3번 따라 말해보세요. 25-1.mp3

VIRANA 비라나

General Atitaya informed me that you'd be returning home without the gem pieces.
아티타야 장군 말로는 네가 젬 조각을 손에 넣지 못하고 돌아왔다더구나.

NAMAARI 나마리

It was Sisu. She can fix what we broke. She can bring everyone back.
시수였어요. 그녀가 우리가 망친 것을 바로 잡을 수 있어요. 모든 사람을 되돌릴 수 있죠.

VIRANA 비라나

And **that's what** scares **me**.[1] When everyone comes back, who do you think they'll come for? You forget, the other lands **blame** us **for** what's happened.[2]
그게 바로 내가 두려워하는 거야. 모두가 돌아오면 그들이 누구를 탓할 것 같니? 잊었나 본데, 다른 부족들이 과거에 있었던 일에 대해 우리를 탓하고 있잖니.

NAMAARI 나마리

But we never meant for anyone to get hurt.
하지만 사람들을 다치게 하려는 의도는 아니었잖아요.

VIRANA 비라나

Yes, but if we had the dragon and the gem pieces, we would be forgiven. We could save the world. But more importantly, our people would remain safe.
그렇지. 하지만 우리가 드래곤과 젬 조각을 손에 넣으면 용서를 받을 수도 있어. 우리가 세상을 구하는 거니까. 하지만 더 중요한 건 우리 부족의 안전이야.

NAMAARI 나마리

Raya isn't just going to give Sisu to us.
라야는 순순히 시수를 내 놓지 않을 거예요.

VIRANA 비라나

We're not going to give her a choice.
그 애에겐 선택권을 주지 않을 거야.

NAMAARI 나마리

What are you going to do?
어떻게 하시려고요?

VIRANA 비라나

That's no longer your concern, my love.[3] **You've done enough.**[4]
더 이상 네가 걱정할 게 아니란다, 얘야. 넌 할 일을 충분히 했어.

장면 파헤치기 구문 설명과 예문으로 이 장면의 핵심 표현을 완벽히 이해하세요.

❶ And that's what scares me. 그게 바로 내가 두려워하는 거야.

That's what ~ me.는 '그게 날 ~하게 해', '그래서 내가 ~하게 돼'라는 뜻이에요. 이 패턴에는 scare (겁을 주다), bother (짜증나게 하다), surprise (놀라게 하다)처럼 감정과 관련된 동사들을 주로 사용해요. 이와 더불어서 That's what I ~ 패턴도 익혀 두세요. '그게 내가 ~한 거야'라는 뜻인데 자기 생각이나 행동을 설명할 때 자주 쓰는 패턴이에요.

★ 영화 속 패턴 익히기

❷ The other lands blame us for what's happened. 다른 부족들이 과거에 있었던 일에 대해 우리를 탓하고 있잖니.

blame은 '~를 비난하다', '~의 탓으로 돌리다'라는 뜻이에요. 비난의 구체적인 이유를 밝히고자 한다면 뒤에 for를 쓰고 이유에 해당하는 표현을 영어로 붙이면 돼요. '~에 대해 고마워요'라고 할 때 Thank you 뒤에 for를 붙이는 것과 같은 이치예요. 그래서 for는 '사연이 많은(?) 전치사'라는 별명이 있어요.

* Don't **blame** me **for** what happened in the meeting. 회의에서 있었던 일에 대해 저를 탓하지 마세요.
* I'm not **blaming** you **for** the outcome. 결과에 대해서 널 비난하는 게 아니야.

❸ That's no longer your concern, my love. 더 이상 네가 걱정할 게 아니란다, 얘야.

That's not your concern.은 '네가 걱정할 게 아니야'라는 의미로 상대방에게 어떤 일에 대해서 걱정할 필요가 없다고 조언하는 말이에요. 또한, 상대방이 너무 참견해서 기분 나쁜 어투로 '네가 알 바가 아니잖아'라고 할 때 쓸 수도 있어요. no longer는 '더 이상 ~가 아닌'이란 뜻이에요.

* A: Are you really going to meet Mr. Charles? 정말 찰스 씨를 만날 거예요?
  B: **That's no longer your concern.** I'll take care of it. 더 이상 당신이 걱정할 게 아니에요. 제가 해결하죠.

❹ You've done enough. 넌 할 일을 충분히 했어.

상대방의 행동을 칭찬하며 이제는 그만해도 된다는 뜻으로 하는 말이에요. '넌 최선을 다했어', '넌 할 만큼 했잖아'라고 해석할 수 있어요. 위에 등장한 That's no longer your concern.과 함께 쓰면 좋으니까 세트로 같이 익혀 두세요.

* Go get some rest. **You've done enough.** 가서 좀 쉬어요. 충분히 할 일을 하셨어요.
* **You've done enough.** We'll take it from here. 충분히 잘하셨어요. 이제는 우리가 맡아서 할게요.

 오늘 배운 장면에서 뽑은 핵심 패턴으로 다양한 표현을 만들어 보세요.

25-2.mp3

That's what ~ me. 그게 날 ~하게 해.

Step 1 기본 패턴 연습하기

1 **That's what** bothers me. 그게 날 짜증나게 해.

2 **That's what** frustrates me. 그게 날 당황스럽게 한다고.

3 **That's what** surprised me. 그게 날 놀라게 한 거예요.

4 ______________ annoys me all the time. 그게 항상 날 화나게 해요.

5 ______________ frightens me. 그게 날 두렵게 해요.

Step 2 패턴 응용하기 That's what I ~

1 **That's what I intended** to say. 그게 내가 하려고 했던 말이에요.

2 **That's what I like** to do. 그게 내가 하고 싶은 거예요.

3 **That's what I like** about you. 그게 당신에 대해 제가 좋아하는 거죠.

4 ______________ trying to do. 그게 제가 하려고 하는 겁니다.

5 ______________ talking about. 내 말이 바로 그거예요.

Step 3 실생활에 적용하기

A I just ordered two pancakes, four eggs, six sausages and some bacon.

B That much?

A I love eating! 그게 날 행복하게 만들어 줘요.

A 팬 케이크 두 개, 계란 네 개, 소시지 여섯 개, 그리고 베이컨을 주문했어요.

B 그렇게나 많이?

A 난 먹는 게 좋아요! That's what makes me happy.

정답 Step 1 4 That's what 5 That's what Step 2 4 That's what I'm 5 That's what I'm

확인학습

문제를 풀며 오늘 배운 표현을 완벽히 내 것으로 만드세요.

A | 영화 속 대화를 완성해 보세요.

VIRANA General Atitaya informed me that you'd be ❶ __________ home without the gem pieces.
아티타야 장군 말로는 네가 젬 조각을 손에 넣지 못하고 돌아왔다더구나.

NAMAARI It was Sisu. She can ❷ __________ what we broke. She can bring everyone back.
시수였어요. 그녀가 우리가 망친 것을 바로 잡을 수 있어요. 모든 사람을 되돌릴 수 있죠.

VIRANA And ❸ __________ scares me. When everyone comes back, ❹ __________ they'll come for? You forget, the other lands ❺ __________ for what's happened. 그게 바로 내가 두려워하는 거야. 모두가 돌아오면 그들이 누구를 탓할 것 같니? 잊었나 본데, 다른 부족들이 과거에 있었던 일에 대해 우리를 탓하고 있잖니.

NAMAARI But we never meant for anyone ❻ __________.
하지만 사람들을 다치게 하려는 의도는 아니었잖아요.

VIRANA Yes, but if we had the dragon and the gem pieces, we would be ❼ __________. We could save the world. But more importantly, our people would remain safe.
그렇지. 하지만 우리가 드래곤과 젬 조각을 손에 넣으면 용서를 받을 수도 있어. 우리가 세상을 구하는 거니까. 하지만 더 중요한 건 우리 부족의 안전이야.

NAMAARI Raya isn't just going to give Sisu to us.
라야는 순순히 시수를 내 놓지 않을 거예요.

VIRANA We're not going to give her a ❽ __________.
그 애에겐 선택권을 주지 않을 거야.

NAMAARI What are you going to do? 어떻게 하시려고요?

VIRANA That's no longer ❾ __________, my love. You've ❿ __________. 더 이상 네가 걱정할 게 아니란다. 얘야. 넌 할 일을 충분히 했어.

B | 다음 빈칸을 채워 문장을 완성해 보세요.

1 그게 날 놀라게 한 거예요.
__________ surprised me.

2 그게 항상 날 화나게 해요.
__________ annoys me all the time.

3 그게 날 두렵게 해요.
__________ frightens me.

4 내 말이 바로 그거예요.
__________ talking about.

5 그게 제가 하려고 하는 겁니다.
__________ trying to do.

정답 A

❶ returning
❷ fix
❸ that's what
❹ who do you think
❺ blame us
❻ to get hurt
❼ forgiven
❽ choice
❾ your concern
❿ done enough

정답 B

1 That's what
2 That's what
3 That's what
4 That's what I'm
5 That's what I'm

Day 26

We Will Meet Our Family Again

우리는 가족들을 다시 만날 거야

나마리의 응답을[response] 기다리며 라야 일행은 새우 배에서 저녁 준비를 합니다. 분과 텅이 수프를 끓이며 옥신각신하던[argue] 중 라야는 오래전 아빠가 그러했듯 수프에 야자 설탕을 넣습니다. 따뜻하고 맛있는 수프를 함께 나눠 먹으며 라야는 아빠와 다시 함께 식사를 하고픈 바람을 말합니다. 분은 자기 머리를 항상 트집 잡던[tussle] 짜증나는[obnoxious] 누나를 그리워하죠. 텅은 마을 사람들이 가득한 모습을 눈[eyeball] 안에 담고 싶다고 소망해요. 갑자기 하늘에서 폭죽이 터지고[go off] 나마리의 응답에 라야 일행은 행동 개시를 하려는데, 이 계획은 무사히 성공할까요?

Warm Up! 오늘 배울 표현

오늘 등장하는 표현들입니다. 어떤 표현이 들어가야 할지 생각해 보세요.

* ______ share a meal with him again. 아빠하고 다시 밥을 먹을 수 있으면 좋겠는데.
* ______. 무슨 말인지 알아요.
* ______ see her the most. 그 누나를 제일 만나고 싶어요.
* ______ filling my eyeball with the joy-tastic image of my village full again. 우리 마을이 사람들로 가득한 기쁜 광경을 내 눈에 꼭 담고 싶어.

바로 이 장면!

오디오 파일을 듣고 3번 따라 말해보세요.

26-1.mp3

RAYA 라야
May I?
내가 해도 될까?

BOUN 분
Whoa. That's good!
와, 정말 좋은데요!

RAYA 라야
It's just a little something my ba showed me.
그냥 우리 바가 내게 보여준 거야.

SISU 시수
Aw. Did he also show you how to make that delicious jerky?
아, 아빠가 그 맛이 기가 막힌 말랭이 만드는 법도 가르쳐 주신 거야?

RAYA 라야
No, that was all me. **It'll be nice to** share a meal with him again.[1]
아뇨, 그건 제가 한 거예요. 아빠하고 다시 밥을 먹을 수 있으면 좋겠는데.

BOUN 분
I know what you mean.[2] I have this really obnoxious sister who always tussles my hair. **I can't wait to** see her the most.[3]
무슨 말인지 알아요. 내 머리에 대해서 항상 트집 잡는 짜증나는 누나가 있어요. 그 누나를 제일 만나고 싶어요.

TONG 텅
After we win the day, **I look forward to** filling my eyeball with the joy-tastic image of my village full again.[4]
우리가 승리한 뒤에 우리 마을이 사람들로 가득한 기쁜 광경을 내 눈에 꼭 담고 싶어.

장면 파헤치기 구문 설명과 예문으로 이 장면의 핵심 표현을 완벽히 이해하세요.

❶ It'll be nice to share a meal with him again. 아빠하고 다시 밥을 먹을 수 있으면 좋겠는데.

It'll be nice to ~는 '~하면 좋을 거야', '~하는 게 좋겠어'라는 뜻으로 희망을 품고 무언가를 말할 때 쓰는 표현이에요. to 뒤에 무엇을 하는 게 좋은지 동사의 기본형으로 쓰면 됩니다. 〈패턴 익히기〉에서는 It'll be nice if ~도 함께 연습할 거예요. 형태는 살짝 다르지만 둘 다 기쁨이나 소망을 나타내는 표현이에요. ★영화 속 패턴 익히기

❷ I know what you mean. 무슨 말인지 알아요.

상대방이 하는 말에 '무슨 말인지 알겠어'라는 의미로 쓰는 표현이에요. I know what you're talking about. 혹은 I know what you're saying.이라고 해도 공감한다는 의미를 전달할 수 있어요. 만일 상대방이 하는 말에 공감하지 않는다고 할 때는 I don't know what you mean.이라고 해 주세요.

* A: Jane seems to live in a different world now. 지금 제인은 딴 세상에 사는 것 같아.
  B: **I know what you mean.** She became a totally different person.
  무슨 말인지 알아. 걔가 완전히 딴사람이 되었다고.

❸ I can't wait to see her the most. 그 누나를 제일 만나고 싶어요.

I can't wait to ~를 직역하면 '~를 기다릴 수 없어'가 되죠. 이 표현은 '빨리 ~하면 좋겠어'라는 뜻으로 어떤 일이 일어나길 간절히 바란다고 할 때 쓰는 말이에요. 우리말로 '손꼽아 기다린다'는 표현이 어울리는 영어 패턴이죠. I'm anxious to ~ 역시 비슷한 의미의 표현이에요.

* **I can't wait to** see the renovated museum. 새 단장을 한 박물관을 빨리 보고 싶어요.
* **I can't wait to** hear from you again. 당신 소식을 다시 듣고 싶네요.

❹ I look forward to filling my eyeball with the joy-tastic image of my village full again.
우리 마을이 사람들로 가득한 기쁜 광경을 내 눈에 꼭 담고 싶어.

I look forward to ~는 위에서 배운 I can't wait to ~처럼 희망에 부풀어 무언가를 기대한다는 의미로 자주 사용하는 표현이에요. to 뒤에 동사를 붙이고 싶으면 반드시 ~ ing 형태로 써야 해요.

* **I look forward to** meeting you soon. 당신을 조만간 뵙고 싶어요.
* **I look forward to** seeing your new work. 당신의 새 작품을 보고 싶네요.

영화 속 패턴 익히기

오늘 배운 장면에서 뽑은 핵심 패턴으로 다양한 표현을 만들어 보세요.

26-2.mp3

It'll be nice to ~

~ 하면 좋을 거야.

Step 1 기본 패턴 연습하기

1 **It'll be nice to** meet them again on Christmas. 그들을 크리스마스에 다시 만나면 좋을 거야.

2 **It'll be nice to** hold him once again. 그를 다시 한번 안을 수 있다면 좋을 텐데.

3 **It'll be nice to** make a small garden for her. 그녀를 위해 작은 정원을 만들면 좋을 거야.

4 ______________ invite all of them to our wedding. 그들 모두 우리 결혼식에 초대하면 좋을 거야.

5 ______________ go fishing together in autumn. 가을에 함께 낚시를 가면 좋을 거예요.

Step 2 패턴 응용하기 | It'll be nice if ~

1 **It'll be nice if** you paint our family portrait. 당신이 우리 가족 그림을 그려주면 좋을 거예요.

2 **It'll be nice if** you bring your husband next time. 다음에는 남편도 데려오시면 좋겠어요.

3 **It'll be nice if** we have our wedding on the beach. 해변에서 결혼식을 하면 좋을 거야.

4 ______________ we all live together in this house. 우리 모두 이 집에 살면 좋을 거예요.

5 ______________ we have the entire pool to ourselves. 수영장 전체를 우리 혼자 쓰면 좋을 거예요.

Step 3 실생활에 적용하기

A The rent is too expensive. I need to find a new place.

B Why don't you move into my place? 같이 살면 좋을 거야.

A Are you serious?

A 월세가 너무 비싸. 새로 이사 갈 곳을 찾아봐야겠어.

B 우리 집으로 들어오는 건 어때? It'll be nice to live together.

A 진심으로 하는 말이니?

정답 Step 1 4 It'll be nice to 5 It'll be nice to Step 2 4 It'll be nice if 5 It'll be nice if

확인학습

문제를 풀며 오늘 배운 표현을 완벽히 내 것으로 만드세요.

A | 영화 속 대화를 완성해 보세요.

RAYA ❶ __________? 내가 해도 될까?

BOUN Whoa. That's ❷ __________! 와. 정말 좋은데요!

RAYA It's just a little ❸ __________ my ba showed me.
그냥 우리 바가 내게 보여준 거야.

SISU Aw. Did he also show you ❹ __________ make that ❺ __________ jerky?
아. 아빠가 그 맛이 기가 막힌 말랭이 만드는 법도 가르쳐 주신 거야?

RAYA No, that was all me. It'll ❻ __________ share a meal with him again.
아뇨. 그건 제가 한 거예요. 아빠하고 다시 밥을 먹을 수 있으면 좋겠는데.

BOUN I know ❼ __________. I have this really obnoxious sister who always ❽ __________ my hair. ❾ __________ see her the most. 무슨 말인지 알아요. 내 머리에 대해서 항상 트집 잡는 짜증나는 누나가 있어요. 그 누나를 제일 만나고 싶어요.

TONG After we win the day, I ❿ __________ filling my eyeball with the joy-tastic image of my village full again.
우리가 승리한 뒤에 우리 마을이 사람들로 가득한 기쁜 광경을 내 눈에 꼭 담고 싶어.

B | 다음 빈칸을 채워 문장을 완성해 보세요.

1 그들을 크리스마스에 다시 만나면 좋을 거야.
__________ meet them again on Christmas.

2 그를 다시 한번 안을 수 있다면 좋을 텐데.
__________ hold him once again.

3 그녀를 위해 작은 정원을 만들면 좋을 거야.
__________ make a small garden for her.

4 당신이 우리 가족 그림을 그려주면 좋을 거예요.
__________ you paint our family portrait.

5 우리 모두 이 집에 살면 좋을 거예요.
__________ we all live together in this house.

정답 A

❶ May I
❷ good
❸ something
❹ how to
❺ delicious
❻ be nice to
❼ what you mean
❽ tussles
❾ I can't wait to
❿ look forward to

정답 B

1 It'll be nice to
2 It'll be nice to
3 It'll be nice to
4 It'll be nice if
5 It'll be nice if

Day 27

Sisu's Death

시수의 죽음

나마리와 라야는 약속 장소에서 만납니다. 어린 시절 주고받은 시수 펜던트를 두고 경직된 분위기가 약간 풀리는 것 같네요. 나마리가 송곳니 족의 젬 조각을 바위 위에 놓자[place] 시수가 숲에서 나옵니다[emerge]. 이제 드디어 화합의 순간이 온 것일까요? 라야가 나머지 조각을 꺼내려는 그때, 철컥! 무기가 장전되는[arm] 소리가 들리더니 나마리가 시수와 젬 조각들을 갖고 가겠다고 위협합니다. 라야는 검을 뽑아 맞서려고 하지만, 시수가 이를 말립니다. 시수는 나마리에게 널 믿는다며 진정성 있게 다가 가지만[step forward], 라야가 나마리를 무장 해제[disarm]시키려는 상황이 어긋나면서 석궁이[crossbow] 발사되어 시수의 가슴에 꽂히고 맙니다. 시수가 수로로 떨어지자 갑자기 강물이 소용돌이[roil] 치더니 물이 사라지기[dissapear] 시작합니다.

Warm Up! 오늘 배울 표현

오늘 등장하는 표현들입니다. 어떤 표현이 들어가야 할지 생각해 보세요.

* ________________ I'd see this again. 이걸 다시 볼 거라곤 생각도 못 했어.
* ____________ take good care of it. 잘 간직하려고 애썼지.
* ____________ bring everyone back. 모두를 다시 회복시킬 시간이에요.
* Namaari, ________________________. 나마리, 이렇게 할 필요는 없잖아.

바로 이 장면!

오디오 파일을 듣고 3번 따라 말해보세요.

27-1.mp3

NAMAARI
나마리

I never thought I'd see this again.[1]
이걸 다시 볼 거라곤 생각도 못 했어.

RAYA
라야

Well, **I tried to** take good care of it.[2]
뭐, 잘 간직하려고 애썼지.

RAYA
라야

You're not the only dragon nerd here.
여기서 드래곤 덕후가 너만은 아니잖아.

SISU
시수

The final piece.
마지막 조각이야.

RAYA
라야

Time to bring everyone back.[3]
모두를 다시 회복시킬 시간이에요.

NAMAARI
나마리

Sisu and the gem pieces are coming with me.
시수와 젬 조각들은 나와 함께 간다.

BOUN
분

Sisu!
시수!

NAMAARI
나마리

Stay back!
물러서!

TONG
텅

It was foolish to trust someone from Fang.
송곳니 사람을 믿는 게 바보였어.

NAMAARI
나마리

Don't come any closer!
더 이상 가까이 오지 마!

RAYA
라야

Namaari, **it doesn't have to be like this.**[4]
나마리, 이렇게 할 필요는 없잖아.

장면 파헤치기

구문 설명과 예문으로 이 장면의 핵심 표현을 완벽히 이해하세요.

❶ I never thought I'd see this again. 이걸 다시 볼 거라곤 생각도 못 했어.

I never thought ~는 '~할 거라고는 생각지도 못했어'라는 뜻으로 자신이 예상하지도 못한 일이 생겨서 놀랍다는 의미로 쓰는 표현이에요. I've never thought ~라고 쓰는 게 문법적으로 정식이지만 이렇게 쓰는 경우가 많아요. thought 대신에 imagined을 넣어서 '~할 거라고는 상상도 못 했지'라고 할 수도 있어요. 뒤에서 다양한 예문으로 연습해 보세요.

★ 영화 속 패턴 익히기

❷ I tried to take good care of it. 잘 간직하려고 애썼지.

I tried to ~는 '~하려고 했어'라는 뜻이에요. 열심히 하려고는 했는데 마음대로 잘 안 됐다는 뉘앙스가 깔린 표현이에요. try to가 사용된 또 다른 표현 I'm trying to ~도 알아 두세요. '~하고 있어', '~하고 있잖아'라는 뜻으로 지금 자신이 어떤 행동을 하는지 설명하거나 변명할 때 쓰는 말이죠.

* **I tried to** grab the eels but they were so fast and slippery. 장어를 잡으려고 했는데 너무 빠르고 미끄러웠어요.
* **I tried to** reach the bird's nest but it was too high. 새 둥지에 접근하려고 했지만 너무 높은 곳에 있었죠.

❸ Time to bring everyone back. 모두를 다시 회복시킬 시간이에요.

Time to ~는 '~할 시간이야', '이제 ~해야지'라는 뜻으로 상대에게 어떤 행동을 하자고 알리는 말이에요. It's time to ~을 줄여서 쓴 말인데 회화체에서는 이렇게 줄여서 쓰는 게 좋아요. 만일 '~가 …할 시간이야'라며 행동하는 주체를 밝히고 싶으면 〈Time + for 사람 + to ~〉의 패턴을 써 주세요. It's time for me to take a break. (내가 쉴 시간이야.), Time for you to do the dishes. (네가 설거지를 할 때라고.)처럼 쓸 수 있어요.

* **Time to** go home. Say goodbye to Sally. 집에 갈 시간이야. 샐리에게 인사해.
* Summer's coming. **Time to** change the air filter. 여름이 오고 있네요. 에어 필터를 갈 시간이에요.

❹ Namaari, it doesn't have to be like this. 나마리, 이렇게 할 필요는 없잖아.

'이럴 필요는 없잖아'라고 하며 상대방을 회유할 때는 It doesn't have to be like this.라는 표현을 써 보세요. It doesn't have to be this way. 혹은 더 간단하게 You don't have to do this.라고 해도 비슷한 의미를 전달할 수 있어요.

* A: I want all of you to leave. 다들 나가 주셨으면 해요.
  B: **It doesn't have to be like this.** We're here for you! 이렇게 할 필요는 없잖아. 우린 너를 위해 여기에 있다고!

영화 속 패턴 익히기

오늘 배운 장면에서 뽑은 핵심 패턴으로 다양한 표현을 만들어 보세요.

27-2.mp3

I never thought ~

~할 거라고는 생각지도 못 했어.

Step 1 기본 패턴 연습하기

1 **I never thought** things would end this way. 일이 이렇게 끝날 거라고는 생각하지도 못 했어요.

2 **I never thought** she could return to work this early. 그녀가 이렇게 일찍 복직할 거라고 생각도 못 했죠.

3 **I never thought** I'd get a chance to dance with you. 너와 춤을 출 기회를 얻을 거라곤 생각도 못 했지.

4 ______________ pink would go well with yellow. 핑크가 노란색과 어울릴 거라고는 생각하지도 못 했죠.

5 ______________ I'd have 1 million followers on my account.
내 계정에 팔로워가 백만이 될 거라는 생각은 하지도 못 했어요.

Step 2 패턴 응용하기 | I never imagined ~

1 **I never imagined** I would have my own business in Soho.
소호에서 내 사업을 하게 될 줄은 상상도 못 했죠.

2 **I never imagined** my schoolmate would become the mayor of our city.
내 학교 동기가 우리 도시의 시장이 될 거라곤 상상도 못 했어요.

3 **I never imagined** the tree would grow this big! 그 나무가 이렇게 크게 자랄 거라곤 상상도 못 했어요!

4 ______________ he would win the election. 그가 선거에서 이길 거라고는 상상도 못 했죠.

5 ______________ coding would be so much fun. 코딩이 이렇게 재미있을 거라고는 상상도 못 했어요.

Step 3 실생활에 적용하기

A Did you talk to him?	A 그와 이야기했어?
B Yes, I did. 그가 내게 전화를 할 거라곤 생각지도 못 했어.	B 응, I never thought he'd call me.
A Did he apologize? Tell me everything he said.	A 그가 사과했어? 그 사람이 한 말을 다 해 봐.

정답 Step 1 4 I never thought 5 I never thought Step 2 4 I never imagined 5 I never imagined

확인학습

문제를 풀며 오늘 배운 표현을 완벽히 내 것으로 만드세요.

A | 영화 속 대화를 완성해 보세요.

NAMAARI I ❶ __________ I'd see this again.
이걸 다시 볼 거라곤 생각도 못 했어.

RAYA Well, I ❷ __________ take good ❸ __________ of it.
뭐, 잘 간직하려고 애썼지.

RAYA You're not the only dragon ❹ __________ here.
여기서 드래곤 덕후가 너만은 아니잖아.

SISU The final piece. 마지막 조각이야.

RAYA ❺ __________ bring everyone back.
모두를 다시 회복시킬 시간이에요.

NAMAARI Sisu and the gem pieces are ❻ __________ with me.
시수와 젬 조각들은 나와 함께 간다.

BOUN Sisu! 시수!

NAMAARI ❼ __________! 물러서!

TONG It was ❽ __________ to trust someone from Fang.
송곳니 사람을 믿는 게 바보였어.

NAMAARI Don't come any ❾ __________!
더 이상 가까이 오지 마!

RAYA Namaari, it doesn't have to be ❿ __________.
나마리, 이렇게 할 필요는 없잖아.

B | 다음 빈칸을 채워 문장을 완성해 보세요.

1 너와 춤을 출 기회를 얻을 거라곤 생각도 못 했지.
__________ I'd get a chance to dance with you.

2 핑크가 노란색과 어울릴 거라고는 생각하지도 못 했죠.
__________ pink would go well with yellow.

3 코딩이 이렇게 재미있을 거라고는 상상도 못 했어요.
__________ coding would be so much fun.

4 그 나무가 이렇게 크게 자랄 거라곤 상상도 못 했어요!
__________ the tree would grow this big!

5 그가 선거에서 이길 거라고는 상상도 못 했죠.
__________ he would win the election.

정답 A

❶ never thought
❷ tried to
❸ care
❹ nerd
❺ Time to
❻ coming
❼ Stay back
❽ foolish
❾ closer
❿ like this

정답 B

1 I never thought
2 I never thought
3 I never imagined
4 I never imagined
5 I never imagined

Day 28

The Final Fight

최후의 결전

지금 송곳니의 땅은 드룬의 공격을 피해 도망가는[flee] 사람들로 혼란스러운[chaotic] 상태예요. 하지만 라야가 지금 집중하는[focus] 건 오직 나마리 뿐이죠. 이제 최후의 결전만이 남아 있어요. 송곳니의 왕실에서[throne room] 서로를 마주한 라야와 나마리는 검을[sword] 빼 들고 서로를 향해 돌진해요[rush]. 분노로 타오른 그들이 격렬한 결투를 이어 가는 동안, 분과 텅 그리고 아기 노이와 엉기들은 영웅[hero]처럼 송곳니 사람들의 탈출을[get out of the city] 돕습니다. 이때 툭툭도 부지런히 사람들을 나르며 운송 수단 역할을 톡톡히 하네요. 접전 끝에 라야가 승기를 잡고[get the upper hand] 검을 들어 올리자 나마리는 그럴 의도는 아니었다고[never meant] 울먹입니다. 지금 라야의 눈에 들어온 것은 분노가 가득한 검에 비친[reflection] 자신의 모습이에요.

Warm Up! 오늘 배울 표현

오늘 등장하는 표현들입니다. 어떤 표현이 들어가야 할지 생각해 보세요.

* ________________ happen. 이렇게 하려는 의도는 절대 아니었어.
* ________ you believe me. 날 믿지 못해도 상관없어.
* ________ we're here. 그래서 우리가 지금 이 자리에 있는 거잖아.
* Do ________ you want. 네가 원하는 대로 해.

바로 이 장면!

오디오 파일을 듣고 3번 따라 말해보세요.

28-1.mp3

TONG 텅

She cannot see us. Raya's blinded by her own rage.
우리가 안 보일 거야. 라야는 자신의 분노 때문에 지금 아무것도 안 보여.

BOUN 분

The gem's powers are fading. All these people are druun-food if we don't get them out.
젬의 마력이 사라지고 있어요. 우리가 내보내지 않으면 이 사람들은 드룬의 밥이 될 거예요.

BOUN 분

Come on. Trust me, it's gonna be okay.
자. 날 믿어, 괜찮을 거야.

BOUN 분

Stupid Druun! Outta my way! Go go go!
멍청한 드룬아! 비켜! 가자 가자 가자구!

TONG 텅

Up we go.
가시죠.

BOUN 분

Get to the water! Keep going! Keep going!
물 쪽으로 가세요! 계속 가요! 계속!

NAMAARI 나마리

I never meant for any of this to happen.[1]
이렇게 하려는 의도는 절대 아니었어.

RAYA 라야

Liar!
거짓말!

NAMAARI 나마리

I don't care if you believe me.[2] Sisu did. But you didn't trust her. **That's why** we're here.[3]
날 믿지 못해도 상관없어. 시수는 그랬으니까. 하지만 넌 시수를 믿지 않았지. 그래서 우리가 지금 이 자리에 있는 거잖아.

NAMAARI 나마리

Do **whatever** you want, but you're as much to blame for Sisu's death as I am.[4]
네가 원하는 대로 해. 하지만 너도 나만큼이나 시수의 죽음에 대한 책임이 있어.

장면 파헤치기

구문 설명과 예문으로 이 장면의 핵심 표현을 완벽히 이해하세요.

❶ I never meant for any of this to happen. 이렇게 하려는 의도는 절대 아니었어.

가끔 자신의 행동이 오해를 불러일으키거나 무심코 한 행동이 큰 화를 불러일으켜서 억울할 때가 있잖아요. I never meant to ~는 '결코 ~할 의도는 아니었어'라는 뜻으로 자신을 변명할 때 쓰는 표현이에요. '~가 …하게 할 의도는 아니었다'는 의미로 어떤 행동의 주체를 밝혀야 할 때는 〈I never meant for + 주어 + to동사〉의 패턴을 활용하세요.

* I know you don't trust me. **I didn't mean for this to** happen.
  당신이 날 믿지 못하는 걸 알아요. 이런 일이 일어나게 할 의도는 아니었어요.
* It was an accident. **I didn't mean to** hurt them. 사고였어요. 그들을 다치게 할 의도는 아니었어요.

❷ I don't care if you believe me. 날 믿지 못해도 상관없어.

I don't care if는 '~한다 해도 상관없어'라는 뜻으로 어떤 일이 있더라도 자신은 크게 개의치 않는다고 당차게 말하는 표현이에요. 이때 사용된 if는 '~한다고 해도'라고 해석하는 게 좋은데 뒤에 ~ or not을 붙여서 말하는 경우도 많아요. I don't care if you believe me or not.처럼 말이죠.

* **I don't care if** you're thousands of miles away from here. I love you so much!
  당신이 여기서 수천 마일 떨어져 있어도 상관없어. 난 당신을 정말 사랑해!
* **I don't care if** there's a long waiting line. I need to get the doll house for Julie.
  줄이 길게 있어도 상관없어. 줄리를 위해서 그 인형의 집을 사야 해.

❸ That's why we're here. 그래서 우리가 지금 이 자리에 있는 거잖아.

That's why ~는 '그래서 ~한 거야'라는 뜻으로 어떤 상황이나 행동 때문에 그럴 수밖에 없다는 의미로 쓰는 표현이에요. 앞에서 배운 That's because ~와는 구별해서 알아 두셔야 해요. That's because ~는 '그건 ~때문이야'라는 의미로 뒤에 '이유'의 표현이 붙이지만 That's why 뒤에는 '결과'를 말하는 표현이 붙어요. 간단하게 〈That's because + 이유〉, 〈That's why + 결과〉라고 공식처럼 익혀 두면 좋겠네요.

* He needs to gain more than 20 lbs for the new role. **That's why** he drinks lots of protein shakes. 그는 새 역할을 위해서 20파운드 이상을 찌워야 해. 그래서 단백질 셰이크를 많이 마시는 거야.
* I told you my car makes weird sounds. **That's why** I asked you to check the muffler.
  내 차에서 이상한 소리가 난다고 말씀드렸잖아요. 그래서 머플러를 체크해 달라고 부탁한 거예요.

❹ Do whatever you want. 네가 원하는 대로 해.

what, where, when, who 등의 의문사에 –ever를 붙이면 '~이든 간에'라는 의미가 돼요. whatever (무엇을 ~하든지 간에, 무엇이든지), wherever (어디에서 ~하든지 간에), whenever (언제든지), whoever (누구든지 간에)처럼 쓸 수 있어요. 이 단어들 뒤에는 '주어 + 동사'의 문장 형태를 붙여 주세요.

★ 영화 속 패턴 익히기

영화 속 패턴 익히기

오늘 배운 장면에서 뽑은 핵심 패턴으로 다양한 표현을 만들어 보세요.

28-2.mp3

whatever ~

~ 무엇이든지 간에

Step 1 기본 패턴 연습하기

1 **Whatever** you want to say, you can say it to us. 무슨 말이든 저희에게 하셔도 돼요.

2 You can buy **whatever** you like. 사고 싶은 건 무엇이든 다 사도 돼.

3 Do not trust **whatever** she said to you. 그녀가 당신에게 무슨 말을 하든 믿지 마세요.

4 I'm sure she will love ______________ you're cooking. 네가 무엇을 요리하든 그녀는 분명 좋아할 거야.

5 ______________ you do, we'll support you 100 percent. 네가 무엇을 하든 우리는 널 100퍼센트 지지해.

Step 2 패턴 응용하기 | 의문사 + ever ~

1 Call me **whenever** you need someone to talk to. 이야기할 사람이 필요할 때는 언제나 전화하세요.

2 **Whenever** I go for a walk, I always see cute little dogs. 산책할 때마다 항상 귀여운 강아지들을 봐요.

3 Don't forget to text me **wherever** you are. 어디에 있든지 나에게 문자하는 거 잊지 마.

4 ______________ I start a new semester, I join new study groups.
새 학기가 시작될 때마다 저는 새로운 새로운 스터디 그룹에 참여해요.

5 You can get a refund ______________ you bought it. 어디에서 구입하셨든 환불받을 수 있습니다.

Step 3 실생활에 적용하기

A 무엇이든 하고 싶은 대로 해도 되지만 절대 그 그림은 건드리지 마.

B What's so special about the painting?

A Grandpa doesn't want anyone to touch it. It's a family treasure.

A You can do whatever you want but never touch the painting.

B 그 그림이 뭐가 그리 특별한데?

A 할아버지는 누가 그걸 건드리는 걸 싫어하셔. 가보거든.

정답 Step 1 4 whatever 5 Whatever Step 2 4 Whenever 5 wherever

확인학습

문제를 풀며 오늘 배운 표현을 완벽히 내 것으로 만드세요.

A | 영화 속 대화를 완성해 보세요.

TONG She cannot see us. Raya's ❶ ______________ by her own rage. 우리가 안 보일 거야. 라야는 자신의 분노 때문에 지금 아무것도 안 보여.

BOUN The gem's powers are ❷ ______________. All these people are druun-food if we don't get them out.
젬의 마력이 사라지고 있어요. 우리가 내보내지 않으면 이 사람들은 드룬의 밥이 될 거예요.

BOUN Come on. ❸ ______________, it's gonna be okay.
자. 날 믿어. 괜찮을 거야.

BOUN Stupid Druun! Outta ❹ ______________! Go go go!
멍청한 드룬아! 비켜! 가자 가자 가자구!

TONG Up we go. 가시죠.

BOUN ❺ ______________ the water! Keep going! Keep going!
물 쪽으로 가세요! 계속 가요! 계속!

NAMAARI I never ❻ ______________ for any of this to happen.
이렇게 하려는 의도는 절대 아니었어.

RAYA Liar! 거짓말!

NAMAARI I don't ❼ ______________ you believe me. Sisu did. But you didn't trust her. ❽ ______________ we're here.
날 믿지 못해도 상관없어. 시수는 그랬으니까. 하지만 넌 시수를 믿지 않았지. 그래서 우리가 지금 이 자리에 있는 거잖아.

NAMAARI Do ❾ ______________ you want, but you're as much to ❿ ______________ for Sisu's death as I am.
네가 원하는 대로 해, 하지만 너도 나만큼이나 시수의 죽음에 대한 책임이 있어.

B | 다음 빈칸을 채워 문장을 완성해 보세요.

1 당신이 무엇을 요리하든 그녀는 분명 좋아할 거예요.
I'm sure she will love ______________ you're cooking.

2 사고 싶은 건 무엇이든 다 사도 돼.
You can buy ______________ you like.

3 그녀가 당신에게 무슨 말을 하든 믿지 마세요.
Do not trust ______________ she said to you.

4 새 학기가 시작될 때마다 저는 새로운 스터디 그룹에 참여해요.
______________ I start a new semester, I join new study groups.

5 어디에서 구입하셨든 환불받을 수 있습니다.
You can get a refund ______________ you bought it.

정답 A

❶ blinded
❷ fading
❸ Trust me
❹ my way
❺ Get to
❻ meant
❼ care if
❽ That's why
❾ whatever
❿ blame

정답 B

1 whatever
2 whatever
3 whatever
4 Whenever
5 wherever

Day 29

It's about Trust!

신뢰가 중요한 거야!

라야가 자신에게 분노가 있음을 깨닫는 순간, 그제서야 혼돈 속에서 일행이 드룬의 공격으로부터 사람들을 구하려고[rescue] 애쓰는 모습이 보입니다. 라야는 나마리를 처단하는 대신 일행과 함께 사람들이 도시에서 대피하는[evacuate] 것을 돕기로 해요. 아이들과 툭툭이 위험에[jeopardy] 처하자 갑자기 나마리가 나타나 자신의 젬 조각으로 드룬을 쫓아 버려요[scare away]. 하지만 계속 지진이 발생하고[earthquakes hit], 그 여파로 바닥이 무너져 내려 모두 돌무더기 속으로 빠져버려요. 암흑 속에서 젬 조각의 마법이 약해지고[fade] 드룬들은 라야 일행에게 점점 다가오네요[advance]. 이때 라야는 서로 믿는 것이 유일한 방법이라는 시수의 말을 기억하고 젬을 모으자고[put together] 제안합니다. 하지만 텅과 분은 여전히 나마리에 대한 불신이[distrust] 가득하네요. 라야는 큰 결심한 듯 그녀의 젬 조각을 나마리에게 건넵니다.

Warm Up! 오늘 배울 표현

오늘 등장하는 표현들입니다. 어떤 표현이 들어가야 할지 생각해 보세요.

* Hurry, we're __________ time. 서둘러요, 시간이 없어요.
* __________. 바로 따라갈게.
* __________? 뭘 꾸물거리는 거야?
* The gem's magic __________! 젬의 마법이 거의 사라졌어요!

바로 이 장면!

오디오 파일을 듣고 3번 따라 말해보세요. 29-1.mp3

BOUN 분	Tong, there's still people back there! Hurry, we're **running out of time.**[1] 텅, 저 뒤에 사람들이 아직 있어요! 서둘러요, 시간이 없어요.
TONG 텅	Got it! Everyone out! Come with me! 알았어! 모두들 나가요! 같이 가요!
RAYA 라야	Okay, Tuk. These are the last of them. Go! **We're right behind you.**[2] 자, 툭. 마지막 사람들이야. 가! 바로 따라갈게.
RAYA 라야	Tuk Tuk! 툭툭!
NAMAARI 나마리	**What are you waiting for?**[3] Go! 뭘 꾸물거리는 거야? 가!
BOUN 분	Raya! 라야!
TONG 텅	It's the one who slayed Sisu! 시수를 죽인 애잖아!
BOUN 분	Raya! Raya! 라야! 라야!
BOUN 분	The gem's magic **is almost gone!**[4] 젬의 마법이 거의 사라졌어요!

장면 파헤치기

구문 설명과 예문으로 이 장면의 핵심 표현을 완벽히 이해하세요.

❶ Hurry, we're running out of time. 서둘러요. 시간이 없어요.

시간이 없다며 상대방을 재촉할 때는 We're running out of time.이라고 하세요. run out of는 '~를 다 써 버리다', '~가 없어지다'라는 뜻이에요. run out of 뒤에는 time뿐만 아니라, money (돈), gas (연료), water (물) 등 소모할 수 있는 것들은 다 붙일 수 있어요. 〈패턴 익히기〉에서 다양한 단어를 활용해서 문장을 만들어 볼게요.

★ 영화 속 패턴 익히기

❷ We're right behind you. 바로 따라갈게.

We're right behind you.는 크게 두 가지 의미로 쓰는 표현이에요. 먼저 단어 그대로의 뜻을 살려서 '우리가 너의 바로 뒤에 있어' 혹은 '곧 따라갈게'라는 의미로 쓸 수 있어요. 이때 right는 '올바른'의 뜻이 아니라 '바로'라는 뜻으로 behind를 강조하는 역할을 해요. 또한, '너를 전적으로 지지해', '너를 응원해'라는 의미로 상대에게 힘이 되는 응원의 말로 쓸 수도 있어요. 이 대사에서는 라야가 친구들을 먼저 보내고 '곧 따라갈게'라는 뜻으로 하는 말이에요.

* Go ahead. **I'm right behind you.** 어서 가. 바로 따라갈게.
* Whatever you decide, **we're right behind you.** 네가 어떤 결정을 내리든 우리는 널 지지할 거야.

❸ What are you waiting for? 뭘 꾸물거리는 거야?

나마리가 툭툭에게 꾸물대지 말고 빨리 사람들을 대피시키라며 다급히 말하고 있네요. What are you waiting for?는 '뭘 꾸물대는 거야?'라는 뜻으로 상대방에게 다급히 어떤 행동을 하도록 재촉하는 표현이에요. 기다리는 것이 무엇인지 대답을 듣고 싶어서 하는 말은 아니에요.

* A: **What are you waiting for?** It's a green light. 뭘 꾸물거리니? 파란 불이잖아.
  B: There's a squirrel crossing the road. 다람쥐가 도로를 건너고 있어요.

❹ The gem's magic is almost gone! 젬의 마법이 거의 사라졌어요!

be gone은 '없어지다' 혹은 '사라지다'라는 의미예요. 이 대사에 사용된 be almost gone은 '없어지기 일보 직전'이라며 다급하게 하는 말이죠. be gone은 사람을 주어로 할 수도 있는데 '없어지다'의 뜻 외에 '사망하다'라는 뜻으로도 쓸 수 있어요.

* After a while the scent will **be gone.** 조만간 향기가 사라질 거야.
* Her passion to build the animal shelter **is gone.** 동물 보호소를 지으려는 그녀의 열정은 사라졌습니다.

영화 속 패턴 익히기

오늘 배운 장면에서 뽑은 핵심 패턴으로 다양한 표현을 만들어 보세요.

29-2.mp3

running out of ~
~가 없어지고 있어.

Step 1 기본 패턴 연습하기

1 We're **running out of** fuel. 기름이 거의 없어.

2 I'm **running out of** patience. 인내심이 바닥나고 있다고.

3 She's **running out of** oxygen! 그녀는 산소가 떨어지고 있어!

4 We're ____________ food. 식량이 다 떨어져 가요.

5 I'm ____________ ideas. 난 아이디어가 떠오르지 않아.

Step 2 패턴 응용하기 | run out of + 명사

1 He **ran out of** hot water. 그는 뜨거운 물이 없었어요.

2 The printer **ran out of** black ink. 프린터에 검은 잉크가 다 떨어졌어요.

3 We will **run out of** paper towel soon. 곧 키친 타올이 다 떨어질 거예요.

4 We will ____________ drinking water. 식수가 부족할 거예요.

5 We ____________ money. 돈이 다 떨어졌어요.

Step 3 실생활에 적용하기

A 기름이 다 떨어져 가요! I can't believe this.

B Calm down. There must be a gas station somewhere.

A How can I calm down? We're in the middle of nowhere!

A We're running out of gas! 이럴 수가.

B 침착해. 근처에 주유소가 있을 거야.

A 어떻게 침착할 수 있어요? 여기가 어딘지도 모르는데!

정답 Step 1 4 running out of 5 running out of Step 2 4 run out of 5 ran out of

확인학습

문제를 풀며 오늘 배운 표현을 완벽히 내 것으로 만드세요.

A | 영화 속 대화를 완성해 보세요.

BOUN Tong, there's still people ❶ ______________! Hurry, we're ❷ ______________ time.
텅, 저 뒤에 사람들이 아직 있어요! 서둘러요, 시간이 없어요.

TONG ❸ __________! Everyone ❹ __________! Come ❺ __________!
알았어! 모두들 나가요! 같이 가요!

RAYA Okay, Tuk. These are the ❻ __________ of them. Go! We're right ❼ ______________.
자, 툭. 마지막 사람들이야. 가! 바로 따라갈게.

RAYA Tuk Tuk! 툭툭!

NAMAARI What are you ❽ ______________? Go!
뭘 꾸물거리는 거야? 가!

BOUN Raya! 라야!

TONG It's ❾ ______________ who slayed Sisu!
시수를 죽인 애잖아!

BOUN Raya! Raya! 라야! 라야!

BOUN The gem's magic is ❿ ______________!
젬의 마법이 거의 사라졌어요!

B | 다음 빈칸을 채워 문장을 완성해 보세요.

1 우린 식량이 부족해요.
We're ______________ food.

2 난 아이디어가 떠오르지 않아.
I'm ______________ ideas.

3 인내심이 바닥나고 있다고.
I'm ______________ patience.

4 식수가 부족할 거예요.
We will ______________ drinking water.

5 돈이 다 떨어졌어요.
We ______________ money.

정답 A

❶ back there
❷ running out of
❸ Got it
❹ out
❺ with me
❻ last
❼ behind you
❽ waiting for
❾ the one
❿ almost gone

정답 B

1 running out of
2 running out of
3 running out of
4 run out of
5 ran out of

Day 30

Welcome to Kumandra

쿠만드라에 오신 걸 환영해요

라야의 갑작스러운 행동에 충격을 받은 일행은 처음에는 주저하다가[hesitant] 곧 그녀의 뜻을 헤아리고 라야가 했던 것처럼 나마리에게 젬 조각을 건넨 후 돌로 변해요. 이제 나마리의 손에 젬 조각이 모두 있어요. 드룬의 세력은 더 강해지고 그때 탈출 구멍[exit]이 생겨 나마리는 달아나려다[flee] 돌로 변한 라야와 일행을 보고 마음을 바꿉니다. 나마리는 황급히[hurriedly] 젬 조각을 결합하지만[assemble] 빛은 점점 잃어가고, 나마리 역시 라야의 어깨에 손을 얹고 돌로 변합니다. 젬의 불빛은 완전히 사라지고 어둠과 적막이 감도는 그때 젬에 작은 불빛이 돌아와 맥박처럼 뛰며[pulse] 점점 강해지더니 폭발하며[explode] 드룬을 모두 날려 버려요. 라야 일행은 다시 이전의 모습을 회복하고[restore] 꿈에 그리던 가족들과 재회했어요[reunite]. 그리고 그들이 간절히 바라던 쿠만드라도 평화로운 모습을 되찾습니다.

Warm Up! 오늘 배울 표현

오늘 등장하는 표현들입니다. 어떤 표현이 들어가야 할지 생각해 보세요.

* ______________ hungry. 그렇게 배가 고프지는 않네.
* ______________________. 칭찬으로 알고 있을게.
* Chief Benja, your daughter ______________. 벤자 족장, 정말 자랑스러운 딸을 두셨어요.
* ______________. 괜찮으실지 모르겠지만.

바로 이 장면!

오디오 파일을 듣고 3번 따라 말해보세요. 30-1.mp3

SISU 시수
I. Am. So hungry.
나 배가 너무 고파.

RAYA 라야
I got some jerky.
말랭이가 있는데.

SISU 시수
Not that hungry.[1]
그렇게 배가 고프지는 않네.

NOI 노이
Soo-soo!
수수!

TONG 텅
Ah! It is good to breathe in your glorious dragon stench again.
아! 멋진 드래곤 악취를 다시 맡게 돼서 너무 기쁘네요.

SISU 시수
Okay, **I take that as a compliment.**[2]
알았어, 칭찬으로 알고 있을게.

RAYA 라야
Ba?
바?

BENJA 벤자
Dewdrop?
내 딸?

RAYA 라야
Ba!
바!

BENJA 벤자
Is that... really her?
정말… 그분이니?

SISU 시수
Chief Benja, your daughter **did you proud.**[3] **Hope you don't mind.**[4] She brought some friends.
벤자 족장, 정말 자랑스러운 딸을 두셨어요. 괜찮으실지 모르겠지만, 그녀가 친구들을 데려왔네요.

장면 파헤치기

구문 설명과 예문으로 이 장면의 핵심 표현을 완벽히 이해하세요.

❶ Not that hungry. 그렇게 배가 고프지는 않네.

〈not that + 형용사〉는 '그렇게 ~하지 않은'이란 의미예요. 이때 사용된 that은 '그것'이란 뜻의 대명사가 아니라 '그렇게', '그다지'라는 의미로 뒤에 있는 형용사의 뜻을 강조하는 역할을 하고 있어요. 〈not so + 형용사〉 역시 같은 의미로 쓸 수 있는 표현이에요.

* **Not that** much. Just a little bit of salt will do. 그렇게 많이 말고. 소금 조금이면 돼.
* It's **not that** easy. 그건 그리 쉽지 않아.

❷ I take that as a compliment. 칭찬으로 알고 있을게.

I take that as a compliment.는 상대방의 발언에 '칭찬으로 알겠어요'라는 의미로 받아치는 표현이에요. 상대방이 던진 말에 기분은 안 좋을 수 있지만 유연하게 대처하며 쓸 수 있는 말이죠. compliment는 '칭찬', '찬사'라는 뜻이에요.

* A: Hmm. Your chicken curry tastes... different. Very unique. 음. 네 치킨 카레 맛은… 좀 달라. 정말 특이해.
  B: Well, **I'll take that as a compliment.** 뭐, 칭찬으로 알고 있을게.

❸ Chief Benja, your daughter did you proud. 벤자 족장, 정말 자랑스러운 딸을 두셨어요.

〈do + 사람 + proud〉는 '~가 자부심을 느끼게 하다'라는 뜻이에요. 자녀의 성공에 부모님이 뿌듯함을 느낀다거나, 학생들이 선생님을 기쁘게 한다는 의미 등으로 자주 쓰는 표현이죠. '참 잘했어', '장하다!'라고 칭찬할 때는 You did yourself proud!라는 표현을 쓸 수 있어요. be proud of ~ (~가 자랑스럽다) 역시 칭찬할 때 빠져서는 안 되는 표현인데 〈패턴 익히기〉에서 더 자세히 연습해 보도록 할게요.

★ 영화 속 패턴 익히기

❹ Hope you don't mind. 괜찮으실지 모르겠지만.

직역하면 '당신이 꺼리지 않았으면 해요'가 되는데, 어떤 말이나 행동을 하기 전에 상대방이 기분 나쁠까 봐 살짝 걱정하며 하는 말이에요. 상대방에 대한 배려와 공손함이 묻어나는 표현인데 '혹시나 해서 말인데요', '괜찮으시다면' 정도로 해석하는 게 좋아요.

* **Hope you don't mind.** I painted the wall blue. 괜찮으실지 모르겠지만. 벽을 파란색으로 칠했어요.
* I **hope you don't mind.** We used your photo for our new product.
  괜찮으실지 모르겠지만, 우리 신제품에 당신 사진을 사용했어요.

영화 속 패턴 익히기

오늘 배운 장면에서 뽑은 핵심 패턴으로 다양한 표현을 만들어 보세요.

30-2.mp3

do(did) + 사람 + proud

자랑스러워요.

Step 1 기본 패턴 연습하기

1 You **did your kids so proud.** 아이들이 당신을 참 자랑스럽게 생각해요.

2 My son **did me proud.** 우리 아들이 참 자랑스러워요.

3 Our kids always **did us proud.** 우리 애들이 항상 자랑스러워요.

4 You're always ____________________. 네가 항상 자랑스러워.

5 My school band always ____________________. 우리 학교 밴드부가 항상 자랑스러워.

Step 2 패턴 응용하기 | do yourself proud, be proud of 사람

1 You've received five college acceptance letters so far. **You did yourself proud**!
지금까지 대학 입학 허가서를 다섯 군데에서 받은 거잖아. 정말 잘했어!

2 Employee of the month! **I'm so proud of** you. 이 달의 직원이라고! 정말 장하다.

3 Congratulations! **We're so proud of** you. 축하해! 우린 네가 너무 자랑스럽구나.

4 The speech was incredible. ____________________ you! 연설 너무 멋졌어. 네가 너무 자랑스러워!

5 Such a great performance! You ____________________. 정말 훌륭한 공연이었어! 정말 잘했어.

Step 3 실생활에 적용하기

A 네가 항상 자랑스럽단다.

B You know I'm so happy that you're my dad.

A You're my favorite. Don't tell your sisters though.

A You're always doing me proud.

B 당신이 저의 아빠라서 너무 행복한 거 아시죠.

A 넌 내가 제일 좋아하는 아이란다. 언니들에게는 말하지 마.

정답 Step 1 4 doing me proud 5 does us proud Step 2 4 I'm so proud of 5 did yourself proud

확인학습

문제를 풀며 오늘 배운 표현을 완벽히 내 것으로 만드세요.

A | 영화 속 대화를 완성해 보세요.

SISU I. Am. So ❶ ______________. 나 배가 너무 고파.

RAYA ❷ ______________ some jerky. 말랭이가 있는데.

SISU ❸ ______________ hungry. 그렇게 배가 고프지는 않네.

NOI Soo-soo! 수수!

TONG Ah! It is good to ❹ ______________ in your glorious dragon ❺ ______________ again. 아! 멋진 드래곤 악취를 다시 맡게 돼서 너무 기쁘네요.

SISU Okay, I take that ❻ ______________________.
알았어. 칭찬으로 알고 있을게.

RAYA Ba? 바?

BENJA Dewdrop? 내 딸?

RAYA Ba! 바!

BENJA ❼ ______________... really her? 정말… 그분이니?

SISU Chief Benja, your daughter ❽ ____________________. Hope you ❾ ____________________. She ❿ ______________ some friends.
벤자 족장, 정말 자랑스러운 딸을 두셨어요. 괜찮으실지 모르겠지만, 그녀가 친구들을 데려왔네요.

B | 다음 빈칸을 채워 문장을 완성해 보세요.

1 네가 항상 자랑스러워.
You're always doing me ______________________.

2 우리 아들이 참 자랑스러워요.
My son did me ______________________.

3 축하해! 우린 네가 너무 자랑스럽구나.
Congratulations! ______________________ you.

4 연설 너무 멋졌어. 네가 너무 자랑스러워!
The speech was incredible. ______________________ you!

5 정말 훌륭한 공연이었어! 정말 잘했어.
Such a great performance! You did ______________________.

정답 A

❶ hungry
❷ I got
❸ Not that
❹ breathe
❺ stench
❻ as a compliment
❼ Is that
❽ did you proud
❾ don't mind
❿ brought

정답 B

1 proud
2 proud
3 We're so proud of
4 I'm so proud of
5 yourself proud